# COMME DEUX NAVIRES
# QUI SE CROISENT
# DANS LA NUIT

TUMATA ROBINSON

# COMME DEUX NAVIRES QUI SE CROISENT DANS LA NUIT

belfond
12, avenue d'Italie
75013 Paris

## NOTE DE L'AUTEUR

J'ai porté ce livre en moi pendant plus de vingt ans. C'est sur la base des nombreuses notes et documents ayant appartenu à mon père et en interrogeant des proches que j'ai pu écrire ce témoignage, en collaboration avec Henri Theureau, avec le souci permanent de respecter l'histoire de Ah You et de Robbie.

Certains des acteurs du drame vivent encore et leur nom a été changé. Pour le reste, tout est vrai, même, et surtout, les choses les plus incroyables de cette histoire.

Si vous souhaitez recevoir notre catalogue
et être tenu au courant de nos publications,
vous pouvez consulter notre site internet :
www.belfond.fr
ou envoyer vos nom et adresse,
aux Éditions Belfond,
12, avenue d'Italie, 75013 Paris.
Et, pour le Canada,
à Interforum Canada Inc.,
1055, bd René-Lévesque-Est,
Bureau 1100,
Montréal, Québec, H2L 4S5.

ISBN : 978-2-7144-4405-9

*À Kahi, Tehani et Loana*
*Pour qu'enfin votre grand-mère,*
*Philomène, retrouve sa place dans la famille*

# Prologue

La cellule était sombre et puait. De la lucarne en haut du mur, inaccessible même en se hissant sur la pointe des pieds, ne filtrait qu'une faible clarté. Elle aurait aimé atteindre les barreaux, respirer l'air sain et frais au lieu de l'odeur d'urine et d'excréments qui l'écœurait. Ses pieds nus glissaient sur le sol visqueux. Elle se mit à hurler, à supplier qu'on la laisse sortir, à jurer qu'elle serait sage à présent.

— Je ne retournerai pas à Ofaipapa, je le promets ! Laissez-moi sortir ! S'il vous plaît !

Elle continua à crier jusqu'à ce que sa voix ne fût qu'un murmure. L'entendaient-ils seulement, à l'autre bout du couloir ? Elle tambourina sur la porte à s'en faire mal, malgré les drogues qui l'engourdissaient. Puis elle songea que ses cris et ses coups risquaient d'aggraver sa situation. Ses geôliers s'en irriteraient et la garderaient enfermée plus longtemps. Elle savait bien qu'elle devait se tenir tranquille, mais l'idée qu'on l'oublie dans cette antichambre de l'enfer la terrifiait.

Deux hommes l'avaient agrippée sous les bras en la serrant si fort qu'elle en avait des bleus. Ils l'avaient traînée jusqu'au bout du couloir de béton, le long des portes d'acier, toutes closes sauf la dernière, la plus éloignée de la cour. La puanteur l'avait prise à la gorge quand l'un des infirmiers l'avait poussée à l'intérieur avant de pousser le verrou.

Elle repensait à Augustine, sa sœur, et à Tehapai, sa demi-sœur. Savaient-elles qu'on l'avait enfermée dans ce trou ? Si au moins elles pouvaient dérouler leurs *pe'ue*[1] et s'allonger à ses côtés, les esprits de la nuit se tiendraient à distance… Si elle mourait seule, abandonnée dans cette cellule, comment pourraient-elles l'aider quand les mauvais esprits *varua ino* emporteraient son âme ?

Elle tendit l'oreille. Rien. Les murs et la porte étaient trop épais. Elle distinguait à peine les barreaux de la lucarne. Dehors, la nuit avait dû tomber. Ses yeux s'accoutumaient à l'obscurité, et elle discernait la natte sur le sol et le trou de la tinette bordée d'immondices. Qui avait vécu dans cette cellule avant elle ? Elle ne s'allongea pas sur sa couche de fortune. Elle avait bien trop peur que les cafards lui grignotent les cheveux et les cils.

Quelqu'un allait venir, c'est sûr. Peut-être lui apporterait-on de l'eau. Elle pria pour combattre sa détresse et ramassa ses esprits. Elle était la vahiné de Ropiti. C'est ainsi qu'elle appelait son homme. Les autres disaient Robbie, mais elle aimait mieux Ropiti. « Mon Dieu, parlez à son cœur et dites-lui de me rendre mes bébés. Doux Jésus, allez vite lui dire que ça m'est égal s'il ne m'aime plus, mais qu'il ne faut pas me laisser là. Dites-lui que je n'attends

1. *Pe'ue* : natte en pandanus.

rien de lui, juste qu'il me laisse voir mes filles. Même si ce n'est qu'une fois par jour. Je veux bien aller dans la cabane en haut de la colline, là où vivait Sally, et je descendrai pour passer une heure avec elles, juste une heure. »

Pourquoi n'avait-il pas voulu lui laisser ses filles ? Elle n'aurait pas besoin du médicament que lui avait prescrit le docteur si elle n'était pas toujours en train de pleurer en dedans. *C'est pour elles que je pleure.* La piqûre dans sa cuisse ne la faisait plus souffrir. Elle savait bien que c'était le médicament qui lui embrumait la tête, cette impression que le monde tournait au ralenti n'était pas vraie, non, c'était le médicament. Ce *ra'au* supprimait l'angoisse dans son cœur, mais pas le désir. Pourquoi ne comprenaient-ils pas qu'elle se faisait du souci pour ses enfants ? Comment pouvait-elle être sûre que les nounous choisies par Ropiti s'occuperaient des filles comme il faut ? « Nona a besoin que je lui donne le sein avant de se coucher, Tumata se réveille parfois en pleurant la nuit et il faut la bercer, et Hina aime qu'on lui fredonne une chanson avant de s'endormir. » Personne ne comprend qu'elle n'attend rien de lui, rien de personne, qu'elle veut juste voir ses petites.

Elle était trop fatiguée pour rester debout, trop lasse pour que l'odeur nauséabonde la gêne encore. L'épuisement la gagnait. Elle glissa lentement le long de la porte et s'accroupit, les bras ballants, la tête contre la poitrine, le visage voilé par ses longs cheveux. Ses lèvres s'entrouvrirent et elle se mit à baver. Mais elle ne sentait rien. Sans être vraiment consciente, elle ne dormait pas. Dans la brume de ses pensées, une seule vision nette : ses filles.

# Un rêve

Je n'avais pas dormi pendant le vol de Los Angeles à Tahiti. Je venais de passer Noël chez Dan, qui est pour moi un frère et dont l'amitié m'a souvent soutenue au fil du temps. C'est à l'occasion d'une soirée dansante, il y a bien des années, que je fis la connaissance de Dan en vacances à Tahiti. Il devait avoir vingt-cinq ans à l'époque, moi seize. À la sortie des coulisses, ou de ce qui en tenait lieu dans un grand hôtel où mes sœurs et moi-même venions de nous produire, il m'invita à danser. Je lui répondis que nous n'y étions pas autorisées avec des inconnus.

— Qu'à cela ne tienne, dit-il, je m'appelle Dan. Voilà, je ne suis plus un inconnu. Vous dansez ?

J'aimais le retrouver à Los Angeles, pour les fêtes de Noël. Les illuminations dans les rues et les magasins, les décorations, les guirlandes, Santa Claus, son attelage de rennes et les bonshommes de neige scintillants me rendaient mon âme d'enfant. J'adorais choisir le sapin qui trônerait dans le salon, avant de le décorer, avec mon fils Kahi, d'étoiles, de guirlandes et de boules d'argent.

Il n'était pas facile de réunir toute la famille à cette époque de l'année. Pourtant mes deux sœurs, Hina et

Nona, qui vivent à Paris, avaient pu faire le voyage, tandis que Rampa, notre benjamine, en vérité notre demi-sœur, qui vit à Los Angeles, avait repoussé la date de ses vacances en Floride. Tout le monde était présent. Même pour l'enterrement de notre père, un an plus tôt, nous n'avions pas été au complet. Cette fois-ci, chacune des sœurs Robinson était venue avec son mari, sauf moi. Après sept ans d'une relation orageuse, le père de Kahi et moi nous étions séparés et il avait fini par rentrer en France.

Noël tient une place spéciale dans mon cœur et réveille les souvenirs de moments précieux passés avec notre père. Chez nous, c'était la seule vraie fête, contrairement aux anniversaires qu'il célébrait à sa façon : tous en même temps, le même jour, une année celui de Hina, l'année suivante celui de Rampa, etc. Privées d'amies de nos âges, et donc de points de comparaison, nous ne pouvions qu'accepter, même d'assez mauvaise grâce, cet étrange rituel. De toutes les manières, on ne discutait pas les décisions de Poppy. Une ou deux semaines avant le réveillon et l'ouverture des cadeaux, il nous lisait chaque soir un chapitre du *Conte de Noël* de Dickens. J'avais fini par prendre en affection ce vieil avare de Scrooge.

Ce n'était donc pas sans tristesse que j'avais bouclé nos valises après cette semaine de liesse. Et si je n'avais pas trouvé le sommeil pendant le long vol du retour, c'était aussi parce qu'un songe me poursuivait. La veille de Noël, pour la première fois de ma vie, j'avais rêvé de Philomène, ma mère. Ce rêve m'avait laissée au réveil curieusement sereine, comme s'il avait dissipé des inquiétudes enfouies. Je l'avais vue de façon très précise, en compagnie d'un *tahu'a*, un sorcier tahitien, tous deux debout près d'une tombe fraîche, sous un frangipanier blanc.

Philomène est morte avant mes trois ans et mes seuls souvenirs d'elle se résument à quelques photos en noir et blanc ou sépia. Pourtant, je l'ai toujours imaginée entourée d'ocres, de rouges sensuels, de bleus, de verts et de jaunes à la Gauguin. Sur ces vieilles photos, sa chevelure de jais est lustrée, nattée, roulée en macarons, ou bien lâchée et cascadant sur ses épaules, ornée d'hibiscus. Dans mon rêve, elle était là, avec ses traits orientaux si fins, son air tendre, dans le jardin où, enfant, je jouais et où j'avais dû marcher ma main dans la sienne. Une scène si réelle, si prégnante, qu'il m'avait semblé sentir l'odeur entêtante de l'ilang-ilang dans ses cheveux.

Sa beauté, éclatante sur deux photos accrochées jadis au mur de notre chambre, était la seule chose que je connaissais d'elle. Je souffrais de ne pas en savoir plus : ses goûts vestimentaires, le son de sa voix, ses parfums… Mais notre père ne nous disait jamais rien sinon que cette femme, sur les deux photos, était notre maman et qu'une maladie l'avait emportée. Nous le regardions, les yeux écarquillés, impatientes d'en savoir plus. Mais il restait silencieux. Plus tard, il nous expliqua qu'elle était morte d'une tumeur au cerveau.

Dès mon plus jeune âge, j'ai toujours éprouvé le sentiment qu'un mystère flottait autour de sa personne. Poppy ne nous précisait jamais s'il l'avait aimée et si elle l'avait aimé. J'ignorais si elle avait été une bonne mère, si elle se faisait du souci pour nous. Passait-elle des nuits blanches quand nous avions la fièvre, posait-elle un baiser sur nos bobos, essuyait-elle nos larmes en nous prenant dans ses bras quand nous avions du chagrin ? Est-ce qu'elle riait et pleurait avec nous ? Est-ce qu'elle nous grondait quand nous faisions des bêtises ?

Plus je grandissais, plus ces questions me torturaient. Mon père ne semblait pas s'en rendre compte. Non seulement il n'évoquait jamais notre mère, mais il ne voulait pas en entendre parler, éludant toutes nos interrogations. C'était comme s'il y avait là un tabou, et que son souvenir eût constitué une trahison des exigences paternelles. Mais maintenant que Poppy était mort, c'est la mémoire de notre mère que notre silence à tous me semblait trahir.

Une secousse me tira de mes pensées : la descente sur Tahiti s'accompagne parfois de turbulences. Le steward annonça l'atterrissage imminent et je posai mon front contre le hublot. Tahiti, c'est chez moi, c'est là que j'ai toujours vécu. On voyait au loin les lumières scintiller au flanc des collines, et déjà les quelques voitures des maraîchers en route pour les différentes communes sur le boulevard principal de Papeete. En mettant le pied sur le tarmac de l'aéroport de Faa'a, j'eus, comme toujours en cette saison, l'impression d'entrer dans un four. Janvier est l'un des mois les plus chauds et les plus humides de l'année.

Aujourd'hui, Papeete joue les grandes métropoles, au moins par l'ampleur de ses embouteillages. Mais lorsque mon père y arriva pour la première fois, en 1929, sur le *Svaap*, c'était une petite ville coloniale somnolente près d'un front de mer bordé de boutiques chinoises à véranda de bois. Au milieu de la rade était posé, comme un bijou, un petit îlot appelé Motu Uta. Des goélettes légères mouillaient le long du quai.

J'imagine qu'il y fut accueilli par des enfants qui s'ébattaient dans l'eau tandis que des femmes assises dans l'herbe bavardaient, couronnées de fleurs de *tiare* et de fougères. Des jeunes filles en *pareu* de couleurs vives longeaient sans doute le rivage dans de petites pirogues taillées dans des troncs d'arbre à pain, hélant des amies à bicyclette ou chantant à deux voix la dernière romance à la mode, une guitare à la main. Des *trucks* à carrosserie de bois s'étaient peut-être arrêtés pour regarder partir un steamer.

Quand arrivait le courrier d'Amérique ou d'Australie, la ville s'animait pour un jour ou deux et l'on se retrouvait près de la Poste ou encore au *Cercle,* le bar à la mode où l'on pouvait boire sous les ombrages et échanger les nouvelles et les derniers cancans.

Mon père dut être fasciné par tout ce qu'il découvrit alors, lui qui avait fui les mégapoles de la côte est des États-Unis. Sinon, aurait-il décidé de s'installer ici ?

Aujourd'hui, les ragots et les bavardages vont toujours bon train, mais le rythme de la vie a changé. Les bâtisses coloniales à un étage ont fait place à des immeubles de rapport et la ville a grandi. On afflue de tous les archipels pour travailler. On se hâte, des files de voitures encombrent les entrées des écoles le matin, et Motu Uta a été enterré sous des tonnes de béton d'où s'élèvent des dépôts de carburant et d'énormes conteneurs. Pourtant, comme mon père à son époque, j'aime cette île et je suis toujours heureuse d'y revenir après un temps d'absence.

Je retrouvai ma vieille voiture sur le parking de l'aéroport et récupérai les clés dans leur cachette habituelle avec un soupir de soulagement. Je savais que je pouvais compter sur Wilson, le jardinier de la famille, pour ce genre de service. Kahi, après ce long vol, était grognon. Il fallait pourtant que je m'occupe d'abord de charger les bagages. Il faisait toujours nuit lorsque je quittai l'aéroport, et à peine étions-nous engagés sur la route de ceinture qui nous ramenait à Ofaipapa que mon petit garçon s'était rendormi.

Ofaipapa, le domaine familial, a toujours eu pour moi quelque chose de magique. Il se trouve à l'embouchure d'une vallée ouverte sur le lagon. Un ruisseau de montagne y gargouille, entrecoupé de petites cascades limpides et de bassins bordés de fougères luxuriantes. Ofaipapa, ma pierre d'angle, mes racines, ma vie. Après une demi-heure de route, je tournai dans l'allée et fus accueillie par mes trois chiens, Fugi, un danois flegmatique, Viti, un bâtard un peu caractériel, et le petit Ati, tout fou. Le pinceau d'une torche électrique me fit sursauter. Mais c'était le fidèle Wilson qui nous attendait. Il tira nos valises du coffre et les emporta dans la maison, avant de disparaître dans la nuit sur son vélo. Wilson ! Il était dévoué à notre famille depuis plus de vingt ans. Bâti comme un *aito*[1] légendaire, il était le type d'homme à se soigner avec des piqûres d'abeilles, à se redresser une épaule luxée en se jetant contre un mur ou à se faire recoudre sans anesthésie une main entaillée. Par temps orageux, sous une pluie battante et des vents violents, il n'était pas rare de le voir en train de réparer la faîtière, en pleine nuit, juché sur notre toiture en pandanus… Ofaipapa

1. Aito : guerrier.

sans Wilson était inconcevable, et Wilson sans Ofaipapa tout autant.

L'air embaumait de parfums mêlés, le *tiare Tahiti*, le *moto'i*, le frangipanier, le *tamanu*, le *'aito*, que les Européens appellent l'arbre de fer, et tant d'autres essences, résultats parfois des expériences auxquelles s'était livré mon père, comme des dizaines de variétés d'hibiscus hybrides ou un cerisier tropical dont le fruit était destiné à sauver les pigeons verts alors en voie d'extinction.

Noémie, qui veillait à la bonne tenue de la maison, toujours attentionnée, nous avait laissé un en-cas dans le frigo. Je fis prendre un bain rapide à Kahi avant de l'envoyer au lit et passai un moment sous la douche pour me détendre. La nuit serait courte et il faudrait se lever tôt demain car, pour Kahi, c'était la rentrée. Avant d'aller dormir ce soir-là, je suis sortie dans le jardin pour contempler les étoiles que mon père connaissait si bien : Alpha du Centaure, Delta et Alpha ses petites sœurs, la Croix du Sud, la Voie lactée, douce comme un souffle divin dans l'immensité glacée de la voûte noire, et le Nuage de Magellan, vaisseau fantôme dans le sud-ouest. Est-il un autre pays où l'on voit aussi clairement les astres ?

Le lendemain, je fus réveillée par le jour naissant. Une fleur de *tiare Tahiti* était tombée sur le seuil, posée là comme un bonjour matinal. De mon oreiller, entre les palmes, j'apercevais le lagon bleu-vert et un seul petit nuage blanc, au loin, posé sur les pics violets de Moorea, l'île sœur. Le récif demeurait dans l'ombre, car le soleil n'avait pas encore franchi les montagnes derrière nous, au-dessus de la maison.

C'est à ce moment-là que j'ai décidé de donner corps à mon rêve de Noël. J'étais enfin prête à partir à la recherche de ma mère, à donner la parole à cette mémoire muette, à ce souvenir trop longtemps nié. Mais je ne savais pas si j'étais vraiment de taille à affronter le silence où on l'avait ensevelie.

## « Déterre tes morts »

Rien ne fouette le sang comme de prendre une décision longtemps différée. Je me levai, pris ma douche matinale et nouai au-dessus de ma poitrine un *pareu* à grosses fleurs, avant de caler sur mon oreille le *tiare* tombé sur le seuil. J'eus du mal à quitter l'image que me renvoyait le miroir : cette simple fleur blanche dans mes cheveux noirs, c'était comme si Philomène me regardait.

Comment avais-je pu grandir sans mère et l'accepter ? Je devais me dire que c'était ainsi : les enfants naissent et leur maman meurt ensuite. Il me semblait en tout cas qu'il suffisait d'un papa pour exister.

Il restait cependant encore quelques personnes qui avaient connu mon père ou travaillé pour lui : Tehapai, notre cuisinière, Everett, notre ancien jardinier, Piho, ma sœur *fa'a'amu*, adoptée par Robbie et sa deuxième épouse Sally, et Bertrand, le vieil ami de mon père. J'espérais qu'ils auraient des réponses à mes questions.

Bertrand avait été si proche de mon père qu'il serait officiellement devenu notre tuteur si nous nous étions retrouvées orphelines avant notre majorité. C'est donc par lui qu'il me parut naturel de commencer mon enquête. Il habitait à une dizaine de kilomètres de là. Je l'appelai avant même le petit-déjeuner et déposai Kahi à l'école. Un peu plus tard dans la journée, je me retrouvai face à lui dans le petit *fare* couvert de palmes, isolé dans un coin de son jardin, qui lui servait de bureau. Il était frêle et très âgé, mais avait l'esprit parfaitement clair. Il avait lu et relu tous les livres de mon père, et était certainement l'homme qui en savait le plus sur lui. Sa femme Johanna était morte quelques années plus tôt et il m'avait dit, pendant l'une de mes trop rares visites, qu'il était impatient d'aller la rejoindre. Je n'aurais peut-être plus d'autre occasion de lui parler.

Il était assis le dos à une fenêtre dans un vieux fauteuil de rotin, devant un grand bureau couvert de livres. Il y en avait d'ailleurs de pleines étagères, et d'autres empilés à même le plancher. Il s'enquit de ma santé et de celle de mes sœurs.

— Elles ont des enfants ?

— Hina a deux filles. Nona et Rampa prennent leur temps…

— Et toi ?

— J'ai un fils, Kahi. Il a bientôt dix ans.

Dix ans, c'était le nombre d'années depuis lesquelles je n'avais pas vu Bertrand.

— Et son père ?

— Nous sommes séparés depuis trois ans.

— Je suis désolé… Mais dis-moi, que me vaut l'honneur de ta visite ?

— Je voudrais te poser des questions sur ma mère.

Il ne réagit pas tout de suite et son silence me mit mal à l'aise. Au bout d'un moment, n'en pouvant plus, je lâchai, un peu brusquement :

— Comment est-elle morte ?

Je retins mon souffle. C'était fait. J'avais posé la question interdite. Je ne fus pas foudroyée par le feu du ciel, et la terre ne s'entrouvrit pas pour m'engloutir. Les merles continuèrent à se chamailler sur la pelouse. Bertrand se redressa et posa ses mains jointes sur le grand bureau.

— Lorsqu'elle est morte, Tumata, je n'étais pas à Tahiti. J'avais dû partir en France pour des histoires de famille. Une vieille tante à l'agonie demandait ma présence... Mais tout ça ne t'intéresse pas.

Je m'en souvenais pourtant. On racontait qu'en effet une tante avait laissé à Bertrand un gros héritage, ce qui lui avait permis de se retirer des affaires pour se consacrer à ses traductions, dont certaines font autorité, comme celle du *Journal* de James Morrison, ou de *Tahiti aux temps anciens* de Teuira Henry.

— Que t'a dit mon père quand tu es revenu ?

— Que Philomène était tombée malade et qu'elle était décédée.

— Alors, ses amis aussi ont eu droit au voile du silence ?

— Quel voile, Tumata ?

— Ma mère meurt subitement et tu ne lui demandes pas ce qui est arrivé ? Tu étais son meilleur ami. Il ne t'a jamais rien raconté ? Il ne s'est jamais confié à toi ?

La frustration m'avait fait élever la voix et je me le reprochai.

— Non, pas à ce sujet, en tout cas. Tu sais, il y avait quelque chose chez ton père qui décourageait les questions indiscrètes.

Bertrand semblait froissé par mes éclats de voix. Il y avait de quoi. Après tout, ce n'était pas sa faute si mon père avait emporté dans la tombe tout ce que j'aurais voulu savoir sur Philomène. Je m'apaisai.

— Est-ce qu'ils s'étaient mariés ?

Ça, c'était une question sans piège et j'étais sûre qu'il saurait y répondre.

— Non, ton père et ta mère ne se sont jamais mariés. Tu sais bien qu'ici ça ne change pas grand-chose à la vie des gens…

Non seulement je le savais bien, mais j'avais moi-même choisi de ne pas épouser le père de Kahi. À Tahiti, le concubinage va de soi, et on ne se marie souvent, quand on choisit de le faire, qu'après avoir eu quatre ou cinq enfants. Il y a dans tout cela peu d'impératifs moraux ni même légaux. Chacun, au fond, fait comme il l'entend. Je me demandai soudain si ces choses avaient eu de l'importance pour mon père, qui était américain et avait grandi dans l'Est, dans un milieu modeste mais assez à cheval sur les convenances, les bonnes manières et les apparences.

Au bout d'un moment de silence, Bertrand se racla la gorge bruyamment et reprit :

— Je dois dire qu'en lisant le dernier livre de ton père, *Return to the Sea*, j'ai été intrigué par la façon dont il y parle de la mort de Philomène.

Je connaissais par cœur le passage dont il parlait : *« La maladie qui avait retenu Philomène à la maison pendant notre long voyage vers l'ouest a fini par avoir le dessus et nous l'avons perdue. »* Je m'étais souvent demandé, au fil des années, ce qui se cachait derrière cette simple phrase, mais jamais je n'avais eu le courage d'interroger quiconque.

— Et toi, Tumata, qu'est-ce que tu en penses ?

Bertrand me regardait fixement. Je baissai les yeux.

— Que puis-je en penser ? Poppy ne parlait jamais de notre mère.

— Je sais. Même dans ses livres, il n'en dit pratiquement rien. Il parle d'elle comme d'une belle jeune femme qui lui a donné trois filles splendides, et c'est à peu près tout.

— La maladie l'aurait rendue folle…

— Il vous a dit qu'elle était *folle* ?

— À la vérité, je ne sais plus. Il prétendait qu'elle avait une tumeur au cerveau.

— Elle a fini enfermée dans le service des malades mentaux à l'hôpital Vaiami. On peut avoir des tas de raisons de devenir fou… Tu ne trouves pas bizarre qu'elle soit morte si jeune, alors même qu'elle était sous surveillance médicale ?

Je sursautai. Il semblait dire qu'il s'était agi d'une mort totalement inattendue.

— Tumata ?

Le silence se prolongeait. Je ne savais plus quoi penser ni quelles questions poser. Alors je lui racontai mon rêve. Tandis que je parlais, il se leva et alla ouvrir la porte d'un petit frigo, dans un coin de la pièce. Il en sortit un pichet d'eau glacée, revint à pas lents le poser sur le bureau, et nous servit deux grands verres. En me tendant le mien, il souriait, l'air absent, et demanda à mi-voix :

— Ta mère, dans ton rêve, comment était-elle habillée ?

— Avec un *pareu* blanc et or, et des *moto'i* dans ses cheveux. Je m'en souviens, je les ai sentis. Elle était avec un *tahu'a*.

Bertrand fermait les yeux et respirait profondément, comme si lui aussi se souvenait du parfum sucré des fleurs d'ilang-ilang.

— Le *tahu'a* portait un vieux bermuda bleu. On aurait dit qu'ils étaient en train de mettre des fleurs sur une tombe. C'était une tombe fraîche, sous un frangipanier, dans le jardin, chez nous.

— Comme si elle était venue décorer sa propre tombe ?

— Oui, peut-être, murmurai-je, la gorge serrée.

— Tu avais trois ans quand elle est morte, c'est bien ça ?

— Si j'ai bien compris en lisant les livres de Poppy, j'avais deux ans lorsque je l'ai vue pour la dernière fois… Quand Poppy nous a emmenées en Thaïlande sur le *Varua*. Le voyage a duré dix-huit mois. Elle est morte pendant notre voyage de retour. Poppy a reçu un télégramme dans une des îles où l'on avait fait escale, mais il ne nous a rien dit. En somme, tu as raison, je devais avoir trois ans…

— Quel âge avais-tu dans ton rêve… Toujours trois ans ?

— Non, l'âge que j'ai maintenant. C'est cela qui est très bizarre.

— Et tu t'es réveillée dans quel état ?

— Ah, je me sentais si bien ! Comme si le fait d'avoir rêvé d'elle m'avait emplie de chaleur et de bonheur. Comme si j'avais fini par résoudre une énigme…

Je me penchai pour poser le verre sur le bureau et Bertrand demanda d'une voix douce :

— Alors ? Tu l'as résolue ?

Le soleil se couchait derrière la fenêtre, le visage de Bertrand, en contre-jour, s'estompait.

— Non, je ne sais toujours pas comment elle est morte.

— Alors, qu'est-ce qui te donne l'impression d'avoir résolu une énigme ?

Il tendit le bras pour allumer la lampe de bureau, et l'abat-jour de *tapa* diffusa dans la pièce une lumière douce.

— Je ne sais pas. Une impression qui m'est restée de mon rêve. Comme si je l'avais ramenée à la maison.

— Sais-tu où elle est enterrée ?

— Oui. Quand nous étions petites, nous allions sur sa tombe, au cimetière de Faa'a, avec notre père. Nous faisions des couronnes avec les fleurs du jardin. Mais Poppy ne devait guère avoir le culte des morts. Plus tard, nos visites se sont espacées. Pourtant, adulte, j'ai continué à m'y rendre, comme tout le monde, à la Toussaint.

— On l'a inhumée bien avant que vous ne rentriez de Thaïlande. Je suis allé une fois sur sa tombe. C'était il y a bien longtemps.

— Chaque année, Wilson la rafraîchit et la repeint en blanc. Avec Kahi, à la nuit tombée, je dispose des bouquets de fleurs et j'allume des bougies.

La Toussaint à Tahiti n'est pas un jour de deuil. C'est presque une fête où les gens se retrouvent, où les enfants courent et jouent en faisant de grosses boules avec la cire des bougies. On discute, on se promène en comparant les arrangements floraux, on admire les immenses frangipaniers, on prie et on chante. Quand toute la colline est illuminée par les flammes des milliers de bougies, le prêtre passe devant les tombes pour les bénir.

J'étais assaillie par un mélange de tristesse, de colère et de honte : mes visites au cimetière avaient toujours été un rituel abstrait, une série de gestes sans véritable signification. Comme si toutes ces années de silence délibéré avaient effacé ma mère, annihilant tout désir d'en savoir plus sur elle. Il fallait que cela change. Il fallait que je la ramène dans ma vie.

— Je me souviens de si peu de choses, dis-je. C'est May Wong qui est devenue notre maman. Hina avait cinq ans lorsque nous sommes revenues et je pense qu'elle se souvenait encore de Philomène, mais c'est May que nous avons appelée Mommy en grandissant.

— May, bien sûr. Il l'a épousée vingt mois après la mort de Philomène. Et Rampa est née à peu près deux ans plus tard.

Il y eut un silence. Bertrand semblait perdu dans ses pensées. Il me regarda :

— Et tes sœurs, que pensent-elles de tout ça ? Est-ce qu'elles parlent de Philomène ?

— Jamais.

— Tu penses qu'elles cherchent à protéger le souvenir de ton père ?

— Exactement.

— À le défendre, comme toi ?

— Je ne le défends pas, dis-je sans réfléchir.

— Un petit peu, quand même, dit-il en riant.

— Ce serait normal, après tout. Poppy était un homme merveilleux.

Un papillon tournoyait sous l'abat-jour. Il heurta l'ampoule brûlante à plusieurs reprises et disparut hors du cercle de lumière. Bertrand leva ses sourcils broussailleux, l'air interrogateur. J'ajoutai :

— Pour nous, en tout cas.

— Je sais. Pour beaucoup de gens à Tahiti, ton père était un héros. Et il l'est resté. Comme pour toi.

Il y eut un autre silence. Bertrand me regardait avec une tendresse si douloureuse que j'eus soudain envie de me blottir dans ses bras, comme cela m'était arrivé si rarement avec mon père. Encore moins avec ma mère, dont je n'avais aucun souvenir.

— Mais Robbie n'était pas que cela. Laisse-moi évoquer une autre image : celle d'une forte tête, d'un homme qui sait ce qu'il veut et qui arrive toujours à ses fins. Qui n'a de cesse d'avoir accompli ce qu'il a décidé ou… obtenu ce qu'il désire. Et cela concerne aussi les femmes.

Je me rencognai dans mon fauteuil. Je n'étais pas sûre de vouloir entendre la suite et pourtant, c'était bien là ce que j'étais venue chercher.

— D'abord, ton père épouse Florence, dont il a un fils, mais il ne m'a jamais parlé de ce garçon : j'ai appris son existence tout à fait par hasard, ce qui est quand même étrange. Puis il quitte Florence pour épouser Sally, qu'il quitte aussi, après sept ans de mariage, mais sans avoir d'enfant. Il cohabite alors avec Philomène, qui lui donne tes sœurs et toi, avant de l'abandonner dans un service psychiatrique où elle meurt…

Je n'osais l'interrompre. Il valait mieux vider l'abcès.

— Il se marie ensuite avec May Wong, avec qui il a Rampa, et lorsqu'il en a assez de la mère, il la renvoie. Après cela, il vous élève toutes les quatre, seul. Enfin, c'est une façon de parler… qui ne tient pas compte du défilé de beautés polynésiennes et asiatiques qu'il n'a cessé ensuite d'embaucher comme nounous, mais il ne fait pas de doute que leur tâche était loin de se limiter au baby-sitting.

La voix de Bertrand s'éraillait. Il s'arrêta pour tousser, en s'excusant. J'avais déjà eu vent de certains épisodes de la vie amoureuse de mon père. Son ami avait le sens du raccourci… Mais l'essentiel y était, sans doute. J'allai jusqu'à la porte-fenêtre et respirai l'air du soir. Un banc de nuages cachait les premières étoiles. Debout face à la nuit tombante, j'entendis Bertrand reprendre, d'une voix qui me sembla lointaine :

— Je pense que ton rêve est la première tentative de ta conscience, ou plutôt de ton inconscient, comme diraient les psychologues, pour forcer les portes de plomb du tabou, permettre à la vérité de sortir, reconnaître et peut-être faire reconnaître le tort que ton père a fait à ta mère, et donc à vous toutes, y compris Rampa.

Je pris une profonde inspiration et revins m'asseoir.

— Je te fais de la peine, Tumata. Mais que les choses soient claires. Ton père a été mon meilleur ami et nous avons fait ensemble des choses qui dureront. Mais si je respecte sa mémoire, je pense que tu as le droit de savoir la vérité. Ton rêve est un commencement.

— Le commencement de quoi ?

— De ta recherche. Prends ton courage à deux mains. Déterre tes morts, exhume tes fantômes. Va voir ceux et celles qui ont connu Philomène. Va leur parler. Ramène-la à la vie. Ensuite seulement tu pourras faire ton deuil.

— Mes sœurs ne vont pas aimer ça, dis-je en fixant la lampe.

— Alors, vas-y toute seule. Fais ton enquête, prends des notes. Et commence par ton père.

— Mon père ? Mais il a tout dit dans ses livres.

Bertrand leva les bras au ciel.

— Il n'y a rien dans ses livres ! Il y parle de la mer, de la navigation, de ses bateaux. Mais il n'y a rien de lui.

Cherche ton père, et tu trouveras ta mère. Et inversement, d'ailleurs.

Il tira d'un tiroir un petit carnet et se mit à le feuilleter en prenant des notes sur une feuille de papier qu'il me tendit.

— Tiens, appelle Kenneth, le cousin de ton père. Il habite à Honolulu et il peut avoir des choses intéressantes à dire. Mais n'attends pas trop. Il doit être aussi vieux que moi ! Tu devrais aussi aller voir le Dr Andréa. Elle est encore vivante et je sais qu'à un moment donné elle s'est occupée de ta mère. Et puis il y a Piho, ta sœur *fa'a'amu*, qui devrait avoir des informations à te communiquer.

Il leva la tête, les yeux fermés, comme si sa mémoire était soudain rétive.

— Ah oui, n'oublie pas Tehapai, la cuisinière de ton père. Elle a travaillé chez vous des années. Ta mère et Tehapai étaient très proches. Je crois même qu'elles ont grandi ensemble.

Il posa ses mains sur le bureau et se leva lentement. Ma visite l'avait visiblement fatigué. Je lui pris le bras pour retraverser le jardin. On entendait des bruits de casseroles dans la cuisine. Il était plus tard que je ne le pensais, et grand temps que j'aille récupérer Kahi qui devait m'attendre depuis une bonne heure chez un de ses amis.

En partant, j'aperçus dans mon rétroviseur la grande silhouette maigre de Bertrand, immobile et très droit dans la nuit. Il leva le bras et me fit un signe de la main.

# Portrait d'un loup de mer

William Albert Robinson est né le 13 août 1902 à Kenosha, une petite ville du Wisconsin. Son père, William Howard Robinson, qui possédait une librairie et un bowling, quitta le foyer alors que Robbie, comme on le surnommait, était encore enfant, et se remaria avec une femme dont il eut des jumelles. Je ne crois pas que le fils ait souvent revu le père après le divorce, et je sais qu'il ne devait jamais rencontrer ses demi-sœurs. Il grandit donc, enfant unique, avec sa mère, Ella Huegin, et la sœur de celle-ci, Gretchen, dans un quartier petit-bourgeois assez aisé de Milwaukee, sur le lac Michigan. La maison où il vécut était cependant la plus modeste et la moins voyante de la rue. Les voisins habitaient dans de grosses demeures entourées de murs, avec de hautes grilles en fer forgé qu'on cadenassait la nuit tombée. Mon père assistait à cette cérémonie vespérale, qui avait quelque chose de moyenâgeux, depuis la barrière de leur petit jardin. Est-ce là qu'il a décidé qu'un jour lui aussi posséderait une fastueuse propriété qu'il ceindrait de murs pour la protéger des regards, et où mes sœurs et moi nous trouverions encloses comme nous l'avions été à Ofaipapa, telles des nonnes emmurées vives dans un éden de pure félicité ?

La maison, prolongée par une tonnelle couverte de vigne, divisait en deux leur jardin. Les parterres soignés, côté façade, préservaient les apparences. Mais derrière, c'était une jungle, une île déserte où mon père pouvait s'inventer un royaume et se construire des cabanes avec du bois de caisse.

Ella, sa mère, était une pianiste talentueuse, douée d'une force de caractère inspirant le respect. C'était une grande femme gracieuse, à la peau laiteuse, aux cheveux de miel, dont la beauté suscita des commentaires admiratifs bien au-delà de sa jeunesse. Elle ne se remaria pas après le départ de mon grand-père, déménagea à Boston et consacra sa vie à son fils unique. L'un des cadeaux les plus précieux qu'elle fit à mon père fut de l'encourager à choisir la difficulté. Elle lui recommandait de nager à contre-courant plutôt que de se laisser porter par la vie. « *Quand on ne fait rien,* lui disait-elle, *on nage dans le courant, on va à la dérive. Ne te laisse jamais aller, prends les choses en main. Mesure-toi à ce qui résiste, Robbie. C'est cela qui donne du goût à la vie.* »

Mon père avait bien retenu cette leçon-là. Il avait fait une école d'ingénieurs et avait travaillé dans une usine de textile du Lower East Side, à New York, de 1924 à 1927. Mais c'était déjà un marin, du moins un homme qui voulait voir le monde, à une époque où la mer était le seul chemin et les choses moins simples qu'aujourd'hui. Sur les docks, il restait des journées entières à regarder décharger les navires en provenance de Calcutta, de Hong Kong, de Kobe. Ses soirées, il les passait à étudier des cartes ou à lire les premiers découvreurs, Quiros, Roggeveen, Cook, Bougainville… Les week-ends, il faisait de la voile dans l'isthme de Long Island avec un vieux sloop mal calfaté qu'il avait acheté, et s'entraînait à la navigation à l'aide de livres empruntés à la bibliothèque municipale de New York. Il était jeune et sans le sou – ses rêves de voyages semblaient inaccessibles.

Ce n'est pas sans témérité, voire une certaine inconscience, qu'il quitta New York le 23 juin 1928, à vingt-six ans, sur le *Svaap*, un *ketch Alden* qui ne faisait pas dix mètres, dans lequel il avait investi toutes ses économies. Il s'était inscrit pour la Course des Bermudes, une façon extrême de se mettre à l'épreuve. Ce fut une traversée de douze jours, dangereuse et épuisante à cause du mauvais temps, du mal de mer, de l'inexpérience de l'équipage et du capitaine, sur un bateau qu'ils connaissaient mal. Mais, satisfait de la façon dont s'était comporté le *Svaap* dans la tempête, le jeune capitaine, assez content par ailleurs de s'être prouvé à lui-même qu'il était capable de naviguer dans les pires conditions, répara et réapprovisionna son petit yacht sur la Grande Bermude et, au lieu de rentrer, décida de poursuivre son voyage. Il renvoya à leurs études les amis étudiants qu'il avait embarqués et embaucha un matelot du nom de Willoughby Wright. Arrivé à Panamá, il eut quelque difficulté à obtenir des visas pour les Galápagos et pour l'Océanie française, mais il finit par franchir le canal et entra dans le Pacifique le 25 octobre avec une mascotte à bord, un kinkajou récupéré dans la baie de San Miguel. Mon père fut fasciné par les Galápagos où il fit une escale de quinze jours, le temps de tomber amoureux d'une certaine Karin, une belle sauvageonne, fille de colons norvégiens, à qui il laissa le kinkajou en souvenir, car le petit lémurien ne s'adaptait pas à bord. L'escale suivante, à quatre mille nautiques, serait Tahiti, et il espérait y être le jour de l'an 1929.

Ils y parvinrent le 6 janvier, ce qui était tout à fait remarquable pour un navigateur débutant, et y restèrent huit mois, allant de fête en fête au son des chœurs et des tambours de bois. Robbie escaladait les montagnes par le fond des vallées luxuriantes, nageait dans les rivières fraîches, dormait à même le sol sur la mousse épaisse, vivait des fruits sauvages de cette terre riche. Il se mêlait à la foule de Papeete et regardait les goélettes et les cotres venus des îles lointaines franchir la passe à la voile. C'est sans doute en bavardant sur le port qu'il fut repris par l'envie de partir et de réaliser son rêve ultime : le tour du monde, que personne n'avait encore bouclé sur un voilier aussi petit. Mais il ne quitta pas l'île sans tristesse ni regrets et savait, au fond de lui, qu'un jour il reviendrait.

Il se mit à écrire pour gagner sa vie, celle qu'il avait choisie. Il ne s'était jamais imaginé écrivain. Il voulait parcourir les océans et s'aperçut, on peut dire par hasard, que ses récits seraient le meilleur moyen de financer son rêve. Avant de quitter les Galápagos, il s'était arrêté dans la célèbre Post Office Bay – où les baleiniers d'antan laissaient leur courrier dans un tonneau, aux bons soins des navires de passage – et y avait posté quelques lettres, par curiosité, histoire de voir combien de temps il leur faudrait pour atteindre leurs destinataires. Sa mère, conquise par ses récits, les montra à un ami qui travaillait pour un éditeur et qui se montra lui aussi enthousiaste. En arrivant à Papeete, Robbie trouva un contrat pour des articles dans le *Mid-Week Pictorial*, un magazine célèbre. Être payé pour faire la chose au monde qu'il préférait, naviguer, sans autre obligation que de raconter ce qu'il voyait en chemin, voilà qui lui convenait parfaitement.

Cette nuit-là, après ma visite à Bertrand, je pris dans la bibliothèque un des livres de mon père, son premier,

*Deep Water and Shoal.* Inspiré des articles qu'on lui avait commandés, l'ouvrage, qui a connu un immense succès aux États-Unis dans les années 30, raconte son tour du monde sur le *Svaap.* C'est un auteur de récits de voyage, Weston Martyr, qui en avait écrit l'introduction, dans un style lyrique et suranné qui me fait sourire :

*« Il a contemplé les Œuvres du Seigneur et les Monstres de l'Abîme... Il a écouté l'alizé chanter dans son gréement et entendu battre les ailes de l'Ange Azraël. Il s'est doré au soleil des Tropiques et l'ombre de la mort lui a glacé les os. Il a connu des rois, fréquenté des capitaines et même partagé (une seule fois) le dîner de cannibales. Il a été poursuivi par des tornades et pourchassé par des dragons – ou, en tout cas, par des lézards géants. Il a vu des volcans sous-marins vomir leur fumée à la surface de la mer et une Ford Model T cahoter sur la plage étroite d'un atoll perdu des mers du Sud. Il a même été capturé et rançonné par un cheikh arabe dans la mer Rouge... »*

C'est un héros presque surhumain qu'il nous présente :

*« Les choses qu'il dit avoir faites, vues et entendues, je sais qu'il les a faites, qu'il les a vues et entendues. M. Robinson écrit le genre de choses que je gagne ma vie à écrire, et je suis naturellement jaloux de quiconque chasse sur mes terres. Si je pouvais le prendre en faute sur les faits qu'il relate ou sur sa manière de nuancer la couleur locale, soyez assurés que je ne lui ferais pas de cadeau. Mais il connaît trop bien ce dont il parle. Ses faits sont authentiques et sa relation est sincère. En cela, son livre est fort différent de tout un tas d'autobiographies sensationnelles, best-sellers maritimes et autres récits d'exploration dont le public a été abusé ces dernières années... De plus, il savait écrire. Un homme qui dit de la sensation délicieuse qu'il éprouve à naviguer au grand*

*large pendant des jours : "c'est se laisser porter par le rythme d'un poème", cet homme-là sait écrire.* »

Il est certain que mon père n'a jamais été plus heureux que pendant ce tour du monde. Il s'est révélé à lui-même, en quelque sorte : marin audacieux, excellent navigateur et, à sa propre surprise, écrivain plutôt talentueux. Don Holm, lui aussi, a chanté ses louanges :

« *Personnage quasi légendaire, William Albert Robinson a pu, dans ses derniers jours, se retourner sur une vie d'aventures dépassant de loin les plus folles chimères d'Hollywood... Homme de la Renaissance plutôt que disciple de J.-J. Rousseau ou émule de S. Maugham, il aurait su exceller dans n'importe quel domaine. Qu'il y ait réussi, dans plusieurs domaines inattendus pour un Yankee d'éducation puritaine et guindée, le rend sans doute d'autant plus unique.* »

C'est pendant la quête que j'ai entreprise pour savoir la vérité sur la mort de ma mère que j'ai vraiment lu et *vécu* les quatre livres écrits par mon père, que je n'avais guère que feuilletés, et c'est vrai qu'il savait écrire, avec une aisance et un sens de la poésie auxquels, même si son sujet n'était pas d'un abord facile, personne ne restait indifférent. Où qu'il se trouvât, il semblait avoir eu beaucoup de chance, et nulle part plus qu'à bord de son petit bateau. C'était le voilier le plus court qui ait jamais fait le tour du monde à cette époque. Ils traversèrent ensemble gros temps et tempêtes en toute sécurité, et même avec un relatif confort.

Willoughby Wright, son matelot, était reparti pour ses Bermudes natales, et ce n'est que la veille de son nouveau départ que Robbie le remplaça par un Polynésien, un nommé Etera, natif de Tahiti. Etera était un petit bonhomme d'une laideur étonnante, qui ne faisait guère plus d'un mètre cinquante. Quand Robbie lui demanda combien de temps il lui fallait pour se préparer à partir faire le tour du monde, il leva la main, doigts écartés, et répondit : « *Cinq minutes.* » Mais c'était un vrai marin qui possédait une longue expérience, savait faire une cuisine honnête dans les pires conditions, ne paniquait jamais et souriait la plupart du temps.

C'est Weston Martyr qui dit encore :

« *Seuls ceux qui ont vécu cette expérience connaissent la difficulté, la quasi-impossibilité de vivre en tête-à-tête avec un autre homme pendant des semaines, dans des conditions éprouvantes, dans un espace exigu, confiné, d'où l'on ne peut s'échapper. Etera et Robinson ont traversé l'enfer ensemble, plusieurs fois, pendant des périodes prolongées, et ils sont restés bons amis malgré tout, jusqu'au bout de leur voyage. Cela en dit long sur le caractère de ces deux hommes ; mais il faut avoir fait partie de l'équipage d'un yacht et traversé un océan pour comprendre la dimension de ce miracle. Il est vrai que, dans la plupart des ports où le* Svaap *faisait escale, Etera partait prendre des cuites homériques et finissait généralement en prison. En cela, il était le loup de mer traditionnel, à l'ancienne. Mais il ne possédait pas une femme dans chaque port, comme les marins d'antan. Il en possédait plusieurs, même dans les ports où il n'avait jamais mis les pieds.* »

Enfants, nous ne cessions de harceler mon père pour qu'il nous parle de ses aventures et ses voyages. J'aurais aimé qu'il nous rassemble autour de lui, couvée attentive, et qu'il nous dise une histoire. Chaque fois, il répondait : « *Lisez mes livres !* » Mais ce n'aurait pas du tout été la même chose.

C'était un homme hors du commun. Les gens qui l'ont connu dans la seconde partie de sa vie l'ont présenté comme un parangon de prodigalité, incapable de faire fructifier sa fortune. Également un de ces déclassés devenus clochards des mers du Sud pour l'amour des belles Tahitiennes aux mœurs légères. Mais il était bien plus que cela. Il fut aussi un philanthrope, un bienfaiteur. Il se donna beaucoup de mal pour réunir des fonds, ainsi qu'une équipe scientifique, afin de mettre sur pied un des tout premiers instituts de recherche médicale contre les maladies tropicales, avec l'aide, entre autres, de son ami Bertrand. En 1945, lorsque mon père revint à Tahiti pour s'y installer, la filariose, maladie transmise par les moustiques, affectait cent quatre-vingt-dix millions de personnes dans le monde. Un tiers de la population de Tahiti, quatorze pour cent des adultes de plus de vingt ans, souffraient d'éléphantiasis, cette infirmité causée par la filariose. La maladie était présente dans quatre-vingt-deux pour cent des foyers en Océanie française.

Bertrand m'avait confié que mon père avait été bouleversé de découvrir les membres monstrueusement boursouflés et la souffrance des malades. Il passa des mois à contacter des sommités médicales de Chicago, Harvard, New York, Washington, utilisant sa renommée de navigateur pour réunir à lui seul argent et bonnes volontés. Cette obstination, couronnée de succès, avait fait de lui un héros à Tahiti.

Mais William Albert Robinson était aussi un père étrange, un homme qui partait à la voile visiter des contrées lointaines avec trois bébés à bord. Tandis que leur mère, restée au pays, mourait, rejetée et sans doute devenue folle.

C'est cet homme-là qu'il me fallait trouver.

## Les remparts enchantés d'Ofaipapa

Trouver cet homme… Mais lequel ? L'aventurier, le séducteur, l'écrivain ? L'infidèle, l'égoïste, le héros, le bienfaiteur ? Et puis, *une femme trouve-t-elle jamais son père ?* Je ne savais si ma quête était vaine, déplacée, ou au contraire légitime et rédemptrice. Je savais seulement que William Albert Robinson incarnait une énigme qui ne me laissait pas de répit.

De lui, je retenais l'image d'un geôlier magnifique. Après la disparition de notre mère, mes sœurs et moi avons grandi protégées du monde par les remparts qui entourent Ofaipapa. Le domaine s'étend du haut des collines jusqu'au lagon ; la route sépare la maison en bord de mer du reste de la vallée. Il avait fait construire le long de la route un mur pour isoler la propriété et ses dépendances, insolite construction dans une île où des maisons ouvertes s'échappent des invites joyeuses. « *Haere mai tama'a*, viens manger avec nous ! »

Ce mur était-il censé nous protéger, ou empêcher que l'on nous voie ? Sécurité, goût du secret ? Il reste que, pour surprotégées – emmurées ! – que nous ayons été, nous avons eu une enfance heureuse. Ce que nous aurions pu vivre comme une claustration était en vérité illuminé par la présence vigilante et affectueuse de notre père. Par celle aussi de May Man Shook Wong, la mère de Rampa, sa troisième épouse, celle, de toutes ses compagnes – avec Ruby, notre professeur d'anglais, qui est ensuite devenue la compagne de mon père –, dont je garde le souvenir le plus précis. Mommy a été notre vraie mère, enfin au moins pendant un moment. Elle fit de son mieux pour nous materner comme si nous avions été ses propres filles. Mais comment remplacer l'irremplaçable ?

Avant l'arrivée de May, nous n'étions pas des enfants gâtées pour autant. Dès que nous sûmes marcher, mon père nous éduqua comme des petits soldats. Il nous attribuait des tâches que nous exécutions avec diligence, sans nous plaindre. Nous étions réveillées tous les matins avant six heures par le bavardage des perruches, les sauts des carpes dans le bassin et les « ploufs ! » des tortues. Après une toilette rapide – il n'y avait pas d'eau chaude –, nous disposions d'une heure et demie pour régler les corvées. D'abord faire les lits, puis empiler dans des brouettes les noix de coco tombées pendant la nuit et les porter jusqu'au milieu de la vallée. Celles qui étaient de corvée « côté mer » finissaient leur tâche en lançant par-dessus la grand-route leurs cocos qui atterrissaient « côté montagne ». Ensuite, tirer les lourdes fanes de cocotier jusqu'à un autre tas, où on les brûlerait. Après, nous faisions la course – *« la dernière en bas est une idiote ! »* – jusqu'à la maison où il fallait balayer les terrasses, nourrir les poissons, les poules, les lapins, toute notre joyeuse basse-cour. Il y avait aussi des perruches. Quand John Rosenthal, un ami de mon père, partait à Honolulu, Robbie lui demandait de rapporter une ou deux boîtes de graines. Un jour, il reçut un télégramme de John : *« Graines pour perruches en solde !*

*Je t'envoie 100 kilos !* » Mon père lui renvoya un télégramme : *« Stop ! Ou tu ne reverras plus jamais Tahiti !* »

Je me demande encore aujourd'hui où nous puisions toute cette énergie. Enfin venait le petit-déjeuner : des corn flakes à demi moisis arrosés de lait en poudre, importés de Honolulu. Nous mangions en silence, les yeux perdus en direction du lagon.

À huit heures pile, une sonnette de vélo nous tirait de nos rêveries. *« Oh non ! Déjà !* » C'était notre professeur de français, un vieux monsieur affligé du nez le plus gros et le plus crochu que j'aie jamais vu. M. Chezeau était tout courbé et toujours vêtu de la même chemise blanche à manches courtes sur un pantalon kaki. La bicyclette s'arrêtait dans un vacillement inquiétant tandis qu'alignées dans la cour nous lancions en chœur : *« Bonjour Monsieur !* » Nous parlions anglais à la maison – c'était notre langue paternelle, après tout – mais Poppy nous faisait étudier le français, la langue que parlaient et parlent encore la plupart des gens à Tahiti, territoire français, même si la langue tahitienne est plus que jamais restée vivante, en particulier dans les archipels et, bien sûr, dans le folklore, les chansons populaires et les chants religieux.

Notre père ayant décidé de ne pas nous envoyer à l'école, il avait dû nous trouver un précepteur. Tous les matins, nous suivions donc M. Chezeau, en faisant des grimaces dans son dos, jusqu'à la maisonnette qui nous servait de salle de classe au bout de la propriété. Bien plus tard, j'appris que ce petit *fare* avait servi de maison à Philomène au début de son second séjour à Ofaipapa. Le lien si fort que j'entretiens, par-delà les années, avec la petite vahiné qui a été ma mère remonte peut-être à cette époque : nous avons quand même partagé quelque chose, elle et moi.

Poppy dut finalement se séparer de notre *Monsieur* car il était devenu trop vieux pour venir à bicyclette et continuer à jouer l'instituteur à domicile. Malgré nos rêves de vacances éternelles, l'école n'était pas finie pour autant, loin de là. Pendant quelque temps, on nous envoya à l'école publique du district de Paea. Le directeur était un tyranneau de la vieille école. Quand mon père apprit que les enfants recevaient des coups de règle sur les doigts et des coups de ceinture sur les fesses, il mit rapidement fin à l'expérience. De retour à Ofaipapa, nous nous retrouvâmes derrière le grand mur, à l'abri des agressions du monde, confiées aux soins d'un défilé de gouvernantes qui faisaient de leur mieux pour assurer notre instruction.

Il y eut Carol, une *demie*, comme on dit ici, moitié japonaise, moitié américaine. Sa force de caractère et son entrain nous séduisaient. Elle nous fabriquait des coiffures, nous mettait du rouge à lèvres et nous laquait les ongles. Quel plaisir, pour nous, cette découverte de la féminité ! Nous nous déguisions avec ses écharpes multicolores que nous drapions sur nos *pareu*. Elle adorait danser et sortait beaucoup en fin de semaine. Il ne fallut pas longtemps à Robbie pour la trouver séduisante, mais ce n'est que beaucoup plus tard que j'appris qu'ils avaient eu une liaison. Cependant, un jour où elle se mit à danser sur une table en public, mon père la renvoya. Était-il jaloux ? Ou craignait-il que sa conduite légère ne déteigne sur nous ?

Il y eut aussi Panor, tout aussi jeune. Elle venait de Thaïlande et ne resta pas longtemps. Elle s'en alla sans même nous dire un mot. Lorsqu'elle revint un peu plus tard, pour repartir presque aussitôt, toujours sans une parole, nous ne fûmes pas vraiment surprises. L'ambiance quelque peu martiale d'Ofaipapa avait dû la décourager.

Et puis survint May Man Shook Wong. May et Poppy se rencontrèrent à Hong Kong après un voyage en Thaïlande que nous fîmes ensemble, toute la petite famille, en 1957. En revenant à Tahiti, Poppy, veuf – encore qu'il n'eût pas épousé notre mère –, avait dû se dire qu'il valait mieux pour lui s'adjoindre une compagne orientale soumise plutôt qu'une de ces Polynésiennes réputées volcaniques ! Quelle folie : aller dénicher une femme en Asie alors que la Tahitienne représentait à l'époque, et incarne peut-être aujourd'hui encore, l'idéal féminin ! Comment démêler ce qui, chez lui, relevait de l'attirance amoureuse et du besoin d'être flanqué d'une compagne, de la part d'un solitaire attesté ou présumé tel ?

Mon père avait un ami à Hong Kong, le Dr Hsieung. Il lui rendit visite. Visite amicale ou intéressée ? Toujours est-il qu'il fit savoir à ce médecin qu'il était à la recherche d'une épouse. Le Dr Hsieung était également un producteur célèbre, réputé dans les milieux gouvernementaux – il avait été un conseiller de Tchang Kaïcheck –, et se montra tout disposé à aider mon père dans sa quête. Il était connu pour les soirées au faste hollywoodien qu'il donnait dans sa luxueuse demeure. Et quel meilleur moment pour donner une telle fête qu'un jour d'anniversaire, celui, précisément, de Robbie, qui arrivait le jour même de ses cinquante-six ans ? Il avait vu May lors de la répétition d'une pièce de théâtre, *Lady of the Stream*, où elle jouait. La jeune femme était vêtue d'un costume de scène chinois, une robe colorée et élégante, et maquillée de manière tout exotique. Elle collaborait à une production d'art, de musique et de danse. Elle dansait et jouait du *piano Butterfly*, un instrument classique à cordes joué avec deux bâtons de bambou que l'on étend à plat sur une table.

Pour l'occasion, le Dr Hsieung avait réuni un véritable défilé de créatures de rêve. En la voyant avec sa longue robe de brocart rouge et or, surmontée d'un haut col et à peine fermée des deux côtés par des boutons cousus de fil d'or, mon père eut le souffle coupé. Il proposa à May une promenade dans le mirifique jardin parsemé de bonzaïs, objets de la passion de son ami. Par la suite, à deux ou trois reprises, il l'invita à dîner. Et c'est lors d'une réception plus intime qu'il lui demanda si elle voulait être *« princesse d'une île, et son épouse… »*[1]. May resta silencieuse un moment. De quelle île parlait-il ? Mais avant qu'elle eût entendu la fin de la phrase : *« … et mère de mes enfants ? »*, ou bien à l'instant même où il la prononça, elle avait déjà répondu *« oui »,* subjuguée par l'allure séduisante du bel et fortuné Américain.

Le lendemain, le Dr Hsieung, May et mon père décollaient pour Macao afin d'y rencontrer la famille de la ravissante élue.

Née le 3 janvier 1935 à Macao, May était le troisième enfant d'une famille de huit filles et trois garçons. Son père, Wong Yee Chuen, grand propriétaire terrien, riche négociant et admirateur des États-Unis, parlait un peu l'anglais et portait des costumes trois-pièces. Les domestiques n'appelaient jamais les enfants par leur nom, mais *Master One, Master Two,* ou *Miss One, Miss Two*, etc. Les *masters* et les *misses* se déplaçaient en pousse-pousse pour aller à l'école et avaient aussi à leur disposition un précepteur. Wong Yee Chuen possédait une boutique d'antiquités et vendait des figurines découpées dans le jade et l'ivoire. Il passait ses loisirs à composer des poèmes et s'adonnait à la calligraphie d'art.

Pendant la Seconde Guerre mondiale, ils avaient dû fuir le sud central de Chine, laissant derrière eux leurs domaines immenses. L'oncle de May devait s'en occuper mais, quand Mao prit le pouvoir, il réquisitionna tous les biens privés, déclarant les propriétaires ennemis du peuple. L'oncle de May se vit confisquer toutes ses possessions. En compensation, on lui donna des valises entières de *paper currency*, des billets d'argent, sans aucune valeur. Le père de May garda les billets jusqu'à la mort de l'oncle et ne revit jamais leurs terres.

En raison de son admiration pour les Américains, il était normal que Wong Yee Chuen se montrât heureux de voir sa fille se marier avec William Albert Robinson, mais la mère de May, Au Yu Ma, ne l'entendait pas de cette oreille : *« Quoi ? Ma fille dans une île avec des cochons et des poules ? »* Elle pensait que May allait vivre dans une jungle et pleurait à l'idée qu'elle partît si loin, pour une contrée où elle allait se déplacer à dos de cheval, se moucher dans des feuilles au lieu de ses mouchoirs en dentelle, et se promener pieds nus sans ses chaussures en satin… Et puis son enfant n'avait-elle pas tout juste vingt-trois ans, alors que la cinquantaine de mon père était largement entamée ?

La dot de May était composée d'une carriole flanquée de porteurs et de domestiques, et surchargée d'une féerie de bijoux, de pleines malles de vêtements pour chaque saison, de lingots d'or, de sacs de riz et de…

deux cercueils ! Les Chinois unissent ainsi les mariés jusqu'à la mort. La frêle jeune femme ne pesant guère que cinquante-deux kilos, il ne lui était guère possible de soulever plus d'une ou deux valises. Qu'à cela ne tienne ! Une semaine plus tard, en septembre 1958, ils prenaient le ferry à Hong Kong pour Macao, mais uniquement avec les sacs de riz et les lingots d'or. Les cercueils et la carriole durent rester sur place. De là ils s'envolèrent pour Manille, l'Australie, Fidji, Pago Pago et Aitutaki, pour finalement atterrir à Tahiti en hydravion.

L'arrivée à Tahiti dissipa toutes les appréhensions. Le trajet en carriole tirée par des chevaux le long de la route en terre battue entre les montagnes, les chutes d'eau majestueuses, les grands arbres oscillant dans le ciel, les plantes tropicales, les maisons couvertes de toit en pandanus, l'air embaumant de parfums de fleurs et de fruits... Les gens en *pareu* coloré et chapeau de paille chantant et jouant de la guitare. Les poissons sautillant dans le lagon qui bordait la route, les porcs familiers, les poules perchées dans les arbres... Ils entrèrent à Ofaipapa par le grand portail fleuri. La maison était entourée de bassins d'eau douce où nageaient des carpes colorées, dans les senteurs suaves des lis d'eau.

Ce fut la surprise générale : pour nous, de découvrir que nous avions tout d'un coup une mère, et, pour May, de constater qu'elle allait vivre, en guise de hutte à la Tarzan, dans une belle demeure que ne risquait d'assaillir nul sauvage en pagne. Mais la plus étonnée fut Colette, notre gouvernante française, qui faillit tomber de sa chaise. Elle nous quitta d'ailleurs quelque temps plus tard, car elle ne supportait pas l'idée que notre père pût s'intéresser à une autre femme qu'elle.

À Hong Kong, avant le départ, ils n'avaient plus guère abordé le sujet du mariage. May avait dû concevoir quelque événement extravagant, des préparatifs somptueux, une atmosphère de conte de fée. Au lieu de quoi son prince charmant lui dit, un jour de mars 1959 : « *Viens, on va faire un petit tour.* » Et c'est ainsi qu'ils se retrouvèrent chez le chef de district, qui les déclara mari et femme sans fleurs ni couronnes – sans bague ni diadème…

Par contre, de retour à la maison, une surprise attendait la mariée : Poppy avait commandé un grand repas, en présence de tous ses amis, qui débuta l'après-midi et se termina tard le soir, et dont on parla dans l'île pendant des mois. Il avait fait planter des rangées de torches jusqu'au milieu de la vallée, où de grandes nattes déroulées dans l'herbe attendaient les convives. Une immense table était dressée, chargée d'une profusion de plats, la plupart cuits à l'étouffée à même les pierres brûlantes d'un grand four creusé dans le sol : cochons de lait, volailles, taros, ignames, patates douces, *fe'i* – ces bananes de couleur orange que l'on cuit au four en perçant la peau pour qu'elles n'éclatent pas… Il y avait aussi le fameux poisson cru au lait de coco, toutes sortes de coquillages et de poissons préparés de diverses manières, sans oublier les *po'e*, ces desserts à la banane, au potiron ou à la papaye dont raffolent les enfants… Dans la nuit parfumée, les invités se livrèrent aux danses d'autrefois, avec chœurs et tambours, les corps bruns ondulant sous les palmes dans le vacillement des torches. Pour l'occasion, mon père avait fait fabriquer trois énormes tambours aux rythmes desquels le meilleur danseur et la meilleure danseuse de Tahiti exécutèrent la « danse de l'amour », qui est restée interdite pendant plus d'un siècle.

Domestiques, cuisiniers, jardiniers s'adressaient à mon père avec respect, veillaient à ce que les couverts en argent, les fleurs et les bougies fussent convenablement disposés, et intervenaient à son appel à l'aide d'une clochette quand il fallait desservir.

Une époque de faste et d'abondance au cours de laquelle Poppy connut beaucoup de gens d'importance, comme Doris Duke, une milliardaire américaine avec laquelle il se livrait à de joyeuses agapes nocturnes, ou encore Brigitte Bardot, en l'honneur de qui il organisa une grande fête aux sons des *pahu* et des guitares.

Peu après la noce, le ventre de May se mit à grossir, au point que cela nous inquiéta : Mommy était-elle malade ? Allait-elle enfler comme un ballon et s'envoler comme Mary Poppins ? Puis, un beau matin, elle se volatilisa. Nous commencions à être habituées aux disparitions successives de nos nounous, mais Mommy, elle, avait l'air de se plaire au domaine. Nous nous sentions un peu abandonnées, mais surtout inquiètes qu'il lui soit arrivé quelque chose de grave : aurait-elle fini par exploser ? Notre désarroi amusait notre père, qui faisait semblant de la chercher dans les placards, sous les lits et même dans les tiroirs, avec des sourires mystérieux. Après s'être bien moqué de nous, il nous annonça que May allait revenir avec une « surprise ».

La surprise ne fut autre que Rampa, notre nouvelle sœur ! Nous étions maintenant quatre filles. Et sûres que Mommy resterait avec nous… De toutes les femmes qui avaient fait escale à Ofaipapa, dont un certain nombre de candidates au rôle de mère, elle fut le plus près d'y réussir. Mais elle partait avec de nombreux handicaps : une nouvelle culture, deux langues à apprendre, l'anglais, pour parler avec mon père et les quatre filles, et le français, pour communiquer avec les Tahitiens. Mais, surtout, ce qui était bien pire, un domaine où elle n'était qu'en théorie la maîtresse de maison et où, en réalité, personne ne lui demandait jamais son avis ni ne s'enquérait de ses goûts. Elle n'avait qu'à s'adapter au système mis sur pied par son mari, point à la ligne. Mon père s'était toujours débrouillé seul dans la vie, et je doute qu'il eût jamais toléré les critiques ou accepté les suggestions de quiconque. La femme de ménage, par exemple, ne recevait d'ordres que de lui.

Quant à nous, qui étions sans présence maternelle depuis si longtemps, nous considérons un peu May comme une intruse. C'est notre aînée, Hina, qui jouait le rôle de mère de remplacement depuis la mort de Philomène. Elle séchait nos larmes, nous tenait la main quand nous avions peur, nous aidait de son mieux. C'était toujours elle qui tenait le rôle de médiatrice en cas de conflit entre Nona, Rampa et moi.

Aucune d'entre nous, Hina encore moins que les autres, ne comprenait que Mommy pût revendiquer le droit à la parole. Elle faisait partie de l'habituelle procession des « femmes provisoires » qui passaient par là mais dont le destin n'était pas de rester, voilà tout. Aussi May peina-t-elle à trouver sa place au milieu de nous, et il n'est pas surprenant qu'elle ait fini, elle aussi, par s'en aller. Mais d'une tout autre manière que les précédentes.

En 1965, mon père l'envoya à Honolulu pour perfectionner son anglais. Lors de ce voyage, elle tomba follement amoureuse d'un Danois. Voyant qu'elle se plaisait un peu trop là-bas, Poppy lui demanda de revenir sans plus tarder. Ce qu'elle fit, mais sans cesser d'écrire à son Danois, dans un sabir sûrement assez chaloupé, May ne s'exprimant clairement dans aucune langue. Elle utilisait quelques mots en français, parlait un anglais à se tordre, et avait oublié son chinois…

Enfin, un jour, May donna à poster une de ses fameuses lettres à notre tutrice Ruby, qui en parla à notre père. Poppy récupéra la missive et proposa de la lire en présence de son épouse… May refusa et mon père demanda alors le divorce. Dans les copies de documents que j'ai gardées, datés du 6 juillet 1966, il est écrit que mon père a « *présenté une demande en divorce au motif que sa femme a déserté le domicile conjugal et refusé de le réintégrer, rendant impossible le maintien de la vie conjugale.* » Le 2 février 1967, le tribunal civil de première instance de Papeete prononçait le divorce aux torts et griefs de l'épouse. May m'a raconté que cela ne les avait pas empêchés de dormir dans le même lit pendant toute cette période ! Puis elle repartit définitivement pour Honolulu. Rampa avait à peine six ans. Elle se trouvait par hasard au bord de la route lorsqu'elle vit ses parents s'éloigner en voiture. Elle eut le temps de leur faire un signe de la main, sans comprendre que sa mère venait de s'en aller pour de bon. La veille, elle avait une maman, le lendemain, plus personne. Elle ne la reverrait pas avant très longtemps.

Mon père rejoignit May deux semaines plus tard en lui demandant une fois encore de réintégrer le domicile conjugal. Mais l'amant scandinave ne lâcha pas prise, passant son temps à appeler sa maîtresse dans la chambre d'hôtel que mon père avait réservée. Poppy finit par abandonner le combat et s'en retourna, au dire de May, « *le cœur gros* », en lui souhaitant bonne chance.

Nous ne nous sommes jamais plaintes de cet énième abandon. D'autant qu'après la « trahison » de Mommy

Ruby nous resta fidèle. Cette Japonaise de Honolulu était notre « Tatie ». Amoureuse de notre père, elle demeura chez nous après la défection de May et eut une influence durable sur notre éducation. Elle et mon père nous apportèrent une relative stabilité et le sens des valeurs morales. L'honnêteté et l'intégrité prévalaient. Ils nous apprirent aussi à être autonomes, à défendre notre point de vue et à être solidaires les unes des autres lorsque les choses se gâtaient. Il était mal vu, par exemple, de pleurnicher pour des vétilles ou de se lamenter sur les pots cassés : *« ce qui est fait est fait ».* Ruby s'exprimait de façon très imagée et nous adorions l'écouter parler. Et Dieu sait qu'elle parlait, nous racontant le vaste monde, inlassablement. Ses idées élargissaient notre horizon limité par la montagne et le récif. Les espoirs qu'elle fondait en nous canalisaient nos talents, stimulaient notre intelligence. Sa délicatesse adoucissait nos colères, étouffait nos caprices. Elle nous aimait profondément.

Ruby et Robbie. Ils semblaient vraiment avoir trouvé l'un en l'autre l'âme sœur. Mais un matin, elle s'en alla, elle aussi. Pourquoi ? Je ne le saurai jamais.

Et la procession des nounous reprit. Il était désormais hors de question pour nous d'ouvrir notre cœur à l'une ou à l'autre et de nous y attacher. L'une des dernières s'appelait Manlei. Un jour, mon père était parti en voyage sans nous laisser d'explications. Ce n'est que des années plus tard que j'ai découvert qu'il était allé chercher une épouse à Taïwan, où le Dr Hsieung, encore lui, avait trouvé pour son ami cette fille douce et gentille, de quarante ans sa cadette... Cette fois, il n'y eut pas de grande fête, et tout se déroula dans la discrétion. Comme Manlei était tombée immédiatement sous son charme, Robbie se dit qu'enfin il avait trouvé la perle rare qui mettrait un terme au cortège des épouses et gouvernantes à Ofaipapa. Il avait dit à Manlei qu'il avait quatre filles et que leur mère était morte, sans faire allusion à May. J'imagine que la jeune Taïwanaise éprouvait de la compassion pour nous, mais si elle jouait du *kutsen*, un genre de cithare chinoise, chantait et peignait à merveille, elle ne savait pas s'occuper des enfants. Elle était sans doute encore plus enfant que nous-mêmes.

Lorsqu'elle découvrit que nous avions eu deux mères à nous quatre, elle fut choquée mais pardonna à mon père de lui avoir caché ce « détail ». Cependant, quand elle apprit qu'il avait eu aussi de nombreuses maîtresses, elle se déclara prête à reprendre l'avion pour Taïwan. Mon père déploya tout son charme pour la convaincre de rester. Il l'emmenait le soir sur la plage, admirer le soleil couchant. Il lui servait des glaces dans de délicates porcelaines chinoises, et tenta même de lui apprendre à danser. Je trouvais ce manège très drôle. Et maintenant encore, où souvent il faut payer de sa poche plus que de sa personne pour conquérir les demoiselles, il me paraît étonnant qu'il soit arrivé à la reconquérir en lui offrant des crèmes glacées.

Mais il ne l'épousa jamais. Âgée d'à peine quelques années de plus que Hina, elle n'aurait sans doute pas été à la hauteur de la tâche que représentait notre éducation. De notre côté, nous nous sentions assez grandes pour nous débrouiller toutes seules. Mon père devait avoir un incroyable ascendant sur ces jeunes femmes, si l'on considère qu'elles acceptaient de prendre en charge quatre gamines qui leur étaient étrangères à plus d'un titre, et cela pour le seul privilège de vivre avec un Américain d'âge mûr. À la fin, il n'y eut plus de nounous, et nous restâmes mes sœurs et moi à l'abri des murs d'Ofaipapa avec notre père.

En 1975, Poppy eut une attaque qui le força à quitter Tahiti pour Honolulu, où les soins étaient alors meilleurs. Nona et Rampa le suivirent et terminèrent leurs années d'études secondaires là-bas. Nona était douée pour la peinture et la sculpture, Rampa passionnée de biologie. Elles allèrent ensuite toutes deux poursuivre leurs études dans des universités de la côte est des États-Unis, grâce à l'argent que mon père avait gagné avec ses livres. Par pure coïncidence, Nona habite aujourd'hui à Paris avec son compagnon, un radiologue très connu qui détonne par l'excentricité de ses tenues vestimentaires ; un jour, il peut être habillé en aviateur, un autre en Mad Max, ou encore en mousquetaire... Rampa vit, comme je l'ai dit, à Los Angeles où ses connaissances en biologie lui permettent de s'occuper d'associations écologistes. Elle rend parfois visite à May, sa mère, qui a passé des années à survivre comme serveuse, et à qui elle a acheté un bel appartement. Pas une fois Mommy ne s'est plainte de mon père ni de la façon dont il l'avait renvoyée sans même lui laisser le loisir de dire adieu à sa fille. Pas une fois elle ne s'est plainte qu'il ne lui ait jamais permis de revenir nous voir de son vivant...

Quant à Hina, elle rencontra son futur mari lorsqu'elle avait vingt-cinq ans. Issu d'une famille parisienne prospère, il était venu travailler à Tahiti quelque temps. Quand il vit danser Hina, avec le premier groupe que nous avions formé sans la supervision de notre père, il en tomba amoureux sur-le-champ et se mit à faire chaque jour le tour de l'île pour venir la voir. Ils se marièrent quelques années plus tard et partirent s'établir en France. Ils y vivent encore aujourd'hui.

Pour ma part, je suis restée à Ofaipapa. Vers la fin de sa vie, les finances de mon père avaient fondu. Une série d'attaques l'avaient laissé infirme, il avait perdu toute autonomie. Il me sembla normal de le prendre en charge, puisque des océans me séparaient de mes sœurs, et je devins son infirmière et sa gouvernante. J'avais une vingtaine d'années. Hina, Nona et Rampa firent de leur mieux pour venir de temps en temps et me remplacer au chevet de Poppy.

Après le départ de mes sœurs, je formai ma propre troupe de danse, dans le droit fil des enseignements de notre père. J'ai grandi en dansant, et la danse fait tellement partie de ma vie et de mon héritage qu'il ne me viendrait pas à l'esprit de me livrer à une autre activité. Tahiti, mot magique, évoque des images de fleurs, de lagons transparents et de corps qui ondulent dans l'alizé au clair de lune. Si la carte postale a un peu pâli ces dernières années, la danse en revanche reste l'expression vivante de l'âme tahitienne. Et comme tout ce qui vit, elle a évolué, surtout depuis les années 50 : les vahinés ont toujours de longs cheveux noirs et des hanches qui roulent sous les jupes de fibres mais, avec des créations musicales sans complexes, une approche esthétique plus audacieuse, et surtout d'autres chorégraphies, une nouvelle forme d'art est née, à mi-chemin du folklore traditionnel et de la danse moderne. Nos danseuses, nos danseurs sont les messagers de rites et de coutumes enracinés dans le passé mais, que leur corps célèbre l'amour et ses parades ou les affrontements des guerres d'antan, les rythmes et les formes se sont imprégnés de la sensibilité d'aujourd'hui et tournés vers l'avenir. Je suis fière de jouer un rôle dans la transmission de cette tradition vivante.

Depuis toujours, Hina vient chaque année en vacances ici avec son mari. Leurs deux filles, Tehani et Loana, qui ont seize et quatorze ans, les accompagnent. Elles sont splendides : chevelures brunes, regards en amande, portraits sans doute de ce que nous fûmes à leur âge. Je leur ai appris nos danses, qu'elles aiment et dansent à merveille. Lorsque je les regarde danser, je nous revois, toutes les quatre, sous l'œil attentif de notre père, et j'entends monter les applaudissements d'autrefois ; je nous revois courant dans les jardins à Ofaipapa, secouées de fous rires, ivres de notre jeunesse et de notre beauté. Nous pensions sans doute que tout cela durerait éternellement, que rien ne changerait jamais…

## « Comme une folle chez les fous »

— Quel est le sens de ta quête, Tumata ? Pourquoi est-ce que tu t'obstines ? me demanda Nona, ma sœur cadette, quand je l'appelai à Paris.

Sa voix était proche, mais parasitée par un écho pénible. Elle ajouta :

— Tout cela est vieux de plus de trente ans.

— Plus de trente ans que notre mère est morte, oui. Et c'est maintenant que je me pose les vraies questions. Ça me poursuit, c'est comme un abcès de plus en plus douloureux. Je ne peux plus faire comme s'il n'y avait rien eu. Il faut que je sache.

— Que veux-tu que je te dise ? Je ne me souviens de rien.

— C'est bien là le problème. Nous ignorons tout d'elle. Poppy ne nous a jamais rien dit, ni de sa vie, et encore moins de sa mort.

— Qu'est-ce que tu racontes ? réplique Nona sèchement. Elle est morte d'une tumeur au cerveau.

Je savais que l'idée de mettre en doute la parole de mon père la mettait mal à l'aise ; Nona n'accepterait pas facilement qu'il puisse y avoir une autre vérité à découvrir. Même chose pour Hina.

— Allons, Nona, tu sais bien qu'on racontait des tas de choses sur sa mort : la tumeur au cerveau, oui, mais aussi qu'elle était devenue folle, qu'elle avait voulu se suicider, alors pourquoi n'aurait-elle pas réussi à le faire ? Et l'histoire des statues qu'avait colportée le jardinier ? Tu ne te souviens pas ? Qu'elle était tombée malade à cause des *tiki* ?

Tout le monde, à Tahiti, connaît les *tiki*, ces statuettes grossièrement taillées dans la pierre, le corail ou le bois, aux bras collés le long du corps, aux yeux plissés ou en soucoupe, qu'on aperçoit souvent dans les toiles de Gauguin. Le mot *tiki*, d'ailleurs, est marquisien. Les Tahitiens, eux, disent *ti'i*. Ce ne sont pas des idoles, mais plutôt des représentations d'ancêtres, de ces esprits protecteurs ou malins qui participaient à la vie des hommes dans les temps anciens. Beaucoup croient encore qu'ils ont le *mana*, c'est-à-dire qu'ils possèdent un pouvoir. Mais lequel ? C'est sans doute une question de foi : ils possèdent le pouvoir qu'on veut bien leur attribuer. Mon père en avait trouvé un certain nombre, dans notre vallée et ailleurs, et il avait décoré les entrées de la maison de ces petites silhouettes tutélaires.

Je revoyais le vieil Everett en train d'arracher les lianes qui poussaient sur l'une de ces statuettes. Il m'affirmait que ma mère était persuadée d'être tombée malade parce qu'on avait séparé les *tiki*. Je me souviens qu'il avait eu un sourire bizarre en me disant : *« J'ai raconté ça une fois à Augustine, la sœur de ta maman, et à son fils, Ah San. C'était environ un an après la mort de Philomène, ils étaient passés nous voir. Après ça, ils ne sont plus jamais revenus. »*

— Tu crois à ces sornettes ? me demanda Nona.

Sa voix hésitait entre la surprise et l'incrédulité.

— Tu vois les quatre statues groupées dans l'allée, entre la cuisine et la maison ? Apparemment, un jour, on les avait séparées. Cela avait mis Philomène dans tous ses états : elle y aurait vu un mauvais présage. Mais les superstitions ne peuvent quand même pas être la cause d'une tumeur au cerveau !

— Non, répondit Nona avec un petit rire, mais elles pourraient en être les symptômes.

— Arrête un peu. Si tel était le cas, pourquoi Everett ne se serait-il pas contenté de dire à Augustine que sa sœur était morte d'une tumeur au cerveau ?

Il y eut un silence qui me parut remonter du plus profond de l'île. Pour ma part, les *tiki*, je n'y crois pas vraiment, mais je n'en déplacerai jamais un et ne le traiterai jamais sans respect. Je ramenai la conversation sur un terrain plus solide :

— Poppy voyait peu de gens, après la mort de Philomène. Everett sait sans doute quelque chose que notre père ne voulait pas que nous découvrions. Et cette chose-là explique peut-être son silence. Dans son dernier livre, Poppy écrit qu'elle était « *la lumière de nos vies* ». Pourquoi ne nous a-t-il jamais parlé d'elle comme ça ?

— Pour lui, ça n'a pas dû être facile…

— Reconnais que nous sommes dans le flou le plus complet. Tumeur au cerveau, envoûtement par des *tiki* malveillants, poison, suicide, causes inconnues ou un peu de tout ça à la fois… Reste qu'elle est morte à l'âge de vingt-six ans, ce qui est quand même assez extraordinaire, tu ne trouves pas ?

Au bout d'un autre silence pénible, je continuai :

— J'ai décidé de fouiller les archives de Poppy. Ses carnets de bord, ses lettres, ses albums, ses notes, ses moindres gribouillis. Je finirai bien par trouver quelque chose. Je suis allée voir Bertrand et j'ai appelé Piho, aussi. Elle va venir de Moorea.

— Piho ? Tu ne vas tout de même pas lui laisser lire les journaux intimes de notre père ?

Nona était scandalisée.

— Mais je ne sais même pas si elle lit l'anglais ! Elle a dû quitter l'école à dix ans. Et même si elle le parle couramment, même si elle a fait des études à Honolulu, elle est assez discrète pour ne pas ébruiter nos affaires. Elle ne nous ferait jamais une chose pareille. Après tout, elle est un peu de la famille. Notre père a même essayé de lui donner une éducation. C'est pour qu'elle apprenne l'anglais qu'il l'a envoyée à Honolulu. Elle le parle bien, comme le français et le tahitien, mais la lecture lui fait défaut.

— Arrête, Tumata ! Voilà exactement le genre d'attitude qui met Hina hors d'elle : tu ne sais jamais t'arrêter !

Elle avait raison. Quand j'ai décidé quelque chose, il faut que j'aille jusqu'au bout, quelles que soient les conséquences, même si je dois le regretter ensuite. Cela m'a souvent coûté cher dans ma vie professionnelle. Lorsque j'ai décidé de faire confiance aux gens, par exemple, je suis beaucoup trop têtue pour admettre ensuite que je me suis trompée.

Nona poursuivit, d'un ton sans appel :

— Écoute, si tu te lances encore une fois dans le procès de Poppy, je raccroche tout de suite.

— Je ne fais pas son procès. J'essaye simplement de savoir des choses qui nous concernent et qu'il ne nous a jamais expliquées, et pour quels motifs. De toute manière, un jour, je découvrirai la vérité. Et un jour, si je peux, je la déménagerai !

— Déménager qui ?

Sa voix était stridente.

— Philomène, notre mère !

— Mais où vas-tu la mettre ?

— Je vais la sortir de ce cimetière paumé et la ramener chez nous, à la maison.

— Mais pourquoi ?

Nona s'étranglait.

— À cause de mon rêve.

— Tumata, tu es complètement folle !

— Non, justement. Ça va beaucoup mieux.

Nous avons raccroché, plutôt en froid. Mais ça ne durerait pas plus de quelques jours, après quoi l'une ou l'autre rappellerait et nous ferions comme si cette conversation n'avait jamais eu lieu. Nous avions depuis si longtemps, et pour cause, l'habitude du non-dit. Enfants, nous ne parlions pas beaucoup. Très tôt, on nous avait appris à ne pas *jouer les curieuses*, à ne pas poser de questions, en tout cas pas de celles qui auraient pu déranger. Les effusions n'avaient pas cours dans la Nouvelle-Angleterre puritaine où notre père avait été élevé.

Le lendemain, je me réveillai tout excitée : Piho, ma sœur *fa'a'amu*, adoptée par Robbie et sa deuxième épouse Sally, allait arriver d'un moment à l'autre. Il était huit heures pile lorsque j'entendis un *truck* s'arrêter devant le portail. Piho en descendit en savates de caoutchouc et simple robe de cotonnade imprimée. C'était une femme corpulente, la cinquantaine enjouée, avec un visage empreint de gaieté, et sur la tête un chignon piqué d'un hibiscus rouge. Je ne l'avais pas vue depuis dix ans, et bien qu'elle eût les traits un peu alourdis par les années, je la reconnus immédiatement. Nous restâmes un bon moment dans les bras l'une de l'autre. Serrée contre sa poitrine opulente, je retrouvai le parfum de celle que je considère comme ma sœur d'adoption. J'avais préparé du café, me souvenant qu'elle l'aimait fort et amer, et Noémie apporta le plateau dans le salon, où nous nous assîmes face au lagon translucide. Au loin, sur le récif, on apercevait la silhouette d'un pêcheur coiffé d'un chapeau de paille, assis dans sa pirogue, aussi immobile que dans une aquarelle.

Piho me demanda des nouvelles de Kahi et, question rituelle, si j'avais trouvé un *tane api* : un nouveau compagnon. Je lui répondis en rigolant que, de toutes mes sœurs, j'ai toujours été celle qui n'arrive jamais à garder ses *tane*, bref la déséquilibrée du clan… Encore qu'il n'y eût pas là d'ironie : Piho ne déduisit en aucune manière que je les collectionnais. Seulement, à Tahiti, c'est une question qu'on pose souvent en roulant les yeux : *« Alors ? Tu as un* tane api *? »* Et on espère toujours que la réponse sera positive car la discussion va pouvoir durer un bon moment ! Les filles ne sont pas avares de détails sur leur vie amoureuse, et si deux hommes « se foutent sur la tête », c'est encore plus croustillant ! Je lui parlai longuement de mon fils et de mes sœurs. Quand je lui appris que ni Nona ni Rampa n'avaient d'enfants, elle s'écria en riant :

— Elles sont paresseuses, ces deux-là !

Comme beaucoup de Tahitiennes, Piho pensait que le destin d'une femme était avant tout de procréer. Ou peut-être estimait-elle que nous, les sœurs Robinson, avions un héritage à transmettre ? Je n'en aurais pas disconvenu. Après tout, c'est aussi à la recherche de cet héritage que je m'étais embarquée.

Piho est une femme simple, incapable de dissimuler la vérité derrière le rideau des convenances. Je devais avoir quatorze ans lorsqu'un jour elle était venue à Ofaipapa chercher des cocos. À cette époque, j'avais rassemblé tout mon courage pour tenter de briser le tabou en lui demandant si elle avait connu ma mère. *« Bien sûr »,* m'avait-elle répondu, en me précisant qu'elle était *« belle, très belle ».* Quel soulagement ! Enfin quelqu'un qui acceptait de me parler d'elle, de lui donner un peu de réalité ! Mais j'avais senti tant de tendresse et de tristesse dans sa voix que je m'étais demandé si je tenais vraiment à en savoir plus. Je lui avais quand même posé la question qui me brûlait les lèvres : comment était-elle morte ? Sa réponse m'avait effrayée : *« Elle était malade, ma chérie. Mais je ne crois pas que ce soit une bonne idée d'aller fouiller dans le passé. »* De nouveau, cela avait été le mur du silence. Elle m'avait tenue embrassée longtemps avant de repartir, et j'avais éclaté en sanglots tandis qu'elle s'éloignait avec ses grappes de cocos. Je m'en voulais d'avoir tenté de transgresser l'interdit. Pourquoi étais-je toujours la seule à vouloir savoir ?

C'est peu de temps après cette ancienne conversation que j'avais appris en ville, tout à fait par hasard, qu'on voyait souvent, quelques mois avant sa mort, Philomène courir sur le port *comme une folle*, et que d'ailleurs il avait fallu l'envoyer à Vaiami, *chez les fous*. J'en étais restée assommée. Dans ce que disait mon père, il avait été question de tumeur au cerveau, jamais d'hôpital psychiatrique. Je m'étais enfuie, au bord des larmes, en me jurant qu'un jour je saurais la vérité.

Piho reposa sa tasse de café, avec ce sourire radieux découvrant une impeccable rangée de dents blanches qui faisait oublier ses nouvelles rides.

Alors, je lui racontai mon rêve.

— Ah, dit-elle avec un air doux et mystérieux. Ça veut dire que ta maman est venue te voir avec les esprits des *tiki*. Ils sont partout, tu le sais ? Ils se promènent le jour comme la nuit…

Elle se versa un autre café puis, la tasse à la main, se leva pour faire le tour du salon, détaillant ce décor qui lui avait été si familier, les troncs de *tamanu*, les piliers massifs soutenant la longue toiture de pandanus, les cloisons de bambou tressé, les meubles de *tau* et de teck, les nattes. Elle s'immobilisa devant le portrait au pastel qui occupe la cloison centrale : Robbie de face, le coude appuyé sur la roue du gouvernail du *Svaap*, son regard bleu qui vous fixe droit dans les yeux, sa tête entourée d'un halo de sternes blanches esquissées si légèrement qu'elles ont l'air d'âmes errantes.

— Je me rappelle quand j'habitais ici avec ce Ropiti-là, dit Piho en riant. C'était la belle vie. On voyait plein de gens puissants et célèbres. Des docteurs, des gouverneurs, des écrivains, même des acteurs. Je me souviens de Marlon Brando, une nuit, à moitié couché dans le grand fauteuil, là, qui disait à ton père : *« On est comme des navires qui se croisent dans la nuit »*… Il avait dû boire pas mal, il a répété ça une demi-douzaine de fois.

Je souris et fermai les yeux. J'entendais leurs voix dans la brise, l'aventurier et le comédien, deux voyageurs si différents et si semblables, échoués dans l'île des Lotophages, qui avaient peut-être touché du doigt la vie rêvée et vu leur rêve filer entre leurs doigts au moment même où ils le réalisaient. Une bouffée de jasmin, d'ilang-ilang et de gardénia entra par la baie grande ouverte.

La voix de Piho me tira de ma rêverie. Elle parlait de mon père, cette *« tête dure »*, elle racontait à quel point ses principes l'avaient intimidée, ses ordres paralysée, soumise, comme le reste de la maisonnée d'ailleurs. Jamais personne n'avait osé contester son inconcevable consigne : faire disparaître de la maison tous les souvenirs de Philomène. Pour nous, il ne conserva que trois photos d'elle, une pour chacune. Cette volonté sans faille, j'en avais senti le poids toute mon adolescence et même à l'âge adulte. Elle m'avait rendue aveugle à cette façon délibérée qu'il avait eue de reléguer Philomène dans les combles interdits de son cœur irascible.

Je regardai Piho revenir vers son fauteuil, entendis le bambou grincer sous son poids, comme si elle y déchargeait le fardeau des années.

— Tu étais avec nous quand je suis née ? demandai-je, le cœur lourd d'émotions contradictoires.

Elle hocha la tête.

— Oui, mais la première fois que j'ai vu ton père, c'est bien avant, dans l'île où je suis née, à Raroia. Il voyageait aux Tuamotu avec Sally. Il était en train d'écrire son livre et il voulait voir des plongeurs et des pêcheurs de perles. Mon propre père était plongeur. Tous les gens de Raroia ont essayé de grimper sur le bateau de Robbie quand il est arrivé. J'étais haute comme ça, à l'époque. Je devais avoir sept ans.

Du fond du fauteuil, elle tendit la main devant elle, et ce fut comme si la lagune de Raroia se déployait devant mon regard éperdu.

Sally était la deuxième femme de mon père. Comme, fidèle à ses principes, il ne parlait jamais de sa vie privée, je ne connaissais cette épouse qu'à travers ses livres et quelques lettres. Il parle d'elle au début de son deuxième ouvrage et dit qu'elle était *« totalement artiste et complètement caractérielle* ». Sans préciser si c'était là ce qui l'avait attiré ou au contraire éloigné d'elle.

Elle avait succédé à sa première femme, Florence, fille unique d'une très grosse fortune new-yorkaise, les Crane. Alors qu'il sillonnait le monde sur le *Svaap* à la fin des années 20, mon père avait rencontré Cornelius Crane, le frère de Florence, dont le bateau, l'*Illyria,* faisait alors une croisière scientifique dans le Pacifique. Cornelius avait dû inviter Robbie chez lui, sur la côte est des États-Unis, où il rencontra Florence à son retour. Ce qui est certain, c'est qu'il l'épousa peu de temps après avoir terminé son tour du monde, et qu'ils revinrent ensemble à Tahiti où ils construisirent la maison d'Ofaipapa.

En 1937, mon père est rentré aux États-Unis avec Florence. Je ne sais pas si c'est lui, elle ou tous les deux qui avaient décidé de quitter Tahiti. De retour dans le Massachusetts, Robbie acheta un petit chantier naval, réunit une équipe de charpentiers et d'ouvriers de marine à l'ancienne, la crème de ce qu'on pouvait alors trouver en Nouvelle-Angleterre, et se mit à construire des yachts et des répliques de voiliers célèbres, comme les fameux clippers de Baltimore. Quand éclata la Seconde Guerre mondiale, son entreprise fut prise sous contrat par le gouvernement des États-Unis et agrandie pour construire, entre autres, des vedettes lance-torpilles et des barges de débarquement. Le chantier employa jusqu'à six cents personnes et fabriqua, en deux ou trois ans, plus de deux cents unités pour l'US Navy. À peu près à cette époque, Florence se lassa de mon père. Ils divorcèrent en 1943, après dix ans de mariage, et Robbie alla vivre sur le *Varua*, un brick de plus de vingt mètres qu'il avait conçu avec W. S. Burgess et L. F. Herreshoff, une sorte de yacht idéal dans lequel il avait investi tout son savoir et ses rêves de navigateur.

Il fit alors la rencontre de Sarah Lancashire, une artiste qui peignait sous le nom de Sally White, qu'il épousa et embarqua sur le *Varua*. Il avait gagné beaucoup d'argent avec ses livres et son chantier naval : assez pour vivre de ses rentes, « être heureux et avoir beaucoup d'enfants ». Dans son dernier livre, il note : « *Mes efforts pour mener une vie conventionnelle furent enterrés sans bruit mais définitivement avec mon premier mariage, lequel échoua tristement quand je me rendis compte que reprendre la mer et retourner dans les îles étaient pour moi des choses plus importantes que tout le reste.* » J'imagine que Sally partageait la fascination de mon père pour la mer et les îles à un plus haut degré que Florence. C'est en tout cas ce qu'il semble sous-entendre dans ses écrits. C'est donc avec elle que, le 7 juillet 1945, il mit voile sur Tahiti. Ce voyage devait être leur lune de miel. Robbie semblait beaucoup plus heureux avec Sally qu'il ne l'avait été avec Florence, trop citadine, trop mondaine peut-être. Sally était d'ailleurs tout le contraire de Florence : exubérante, aimant la vie au grand air. Elle était faite pour vivre ici, ce qui était alors le seul projet de mon père.

« *Revenir à Tahiti, c'était devenu une obsession. Je m'efforçais d'en retrouver dans ma mémoire les ambiances et les odeurs et me demandais si, un jour, je reverrais ses montagnes enturbannées de nuages. Même une fois en mer, il m'arrivait d'en douter. Quand les milliers de milles qui m'en séparaient se réduisirent à quelques centaines, et les centaines à quelques jours, il m'apparut enfin de plus en plus clairement que le plus grand désir de ma vie, depuis des années, avait été d'apercevoir depuis le large les montagnes de Tahiti s'élever sur l'horizon, puis de longer le récif et d'entrer, entre deux rouleaux d'écume, dans la passe de Papeete. Je me rendais compte maintenant que le fait d'y posséder une terre, où je pourrais un jour revenir vivre, avait été la seule chose à me soutenir pendant toutes les années où j'en avais été séparé. Je n'oublierai jamais l'émotion qui m'étreignit lorsque, en nous approchant du récif, j'aperçus ma maison et mes arbres, ceux que j'avais plantés. »*

Au grand soulagement de mon père, la maison qu'il avait construite à Ofaipapa pendant son séjour avec Florence était intacte malgré les années d'absence, et conforme à son souvenir. Que de fois, écrit-il, avait-il rêvé du grand toit de palmes sur ses piliers massifs, des troncs de *tamanu* et d'arbres de fer qu'il avait arrachés à l'érosion du ressac sur le rivage, de la demeure trapue sous les colonnes sveltes des cocotiers ! Les petites jetées qu'il avait lancées du rivage pour arrêter le sable endiguaient maintenant une vraie plage. Le petit ruisseau était toujours là, au bout de la pelouse, son murmure d'eau douce courant à la rencontre des coraux du lagon. Et ce dôme vert sombre où filtre à peine la lumière du ciel éblouissant, à l'autre extrémité du jardin, c'était un frangipanier, d'où pleuvent aujourd'hui encore, silencieusement, des fleurs en étoile quand la brise se lève.

Comme beaucoup de marins, mon père savait tout faire. Il fallait quand même remettre en ordre une maison qui n'avait pas été habitée depuis longtemps, et Sally et lui s'y employèrent avec enthousiasme. Pour aller en ville chercher matériaux et provisions, ils prenaient le *truck*, le « bus » sur lequel on peut tout mettre : vélos, planches, tôles, bouteilles de gaz sur le marchepied. Robbie mit au point un système de poulies et de palans pour hisser ses chargements au sommet des pentes et aménager les deux versants de la vallée. Il réussit à construire un barrage sur le ruisseau, assez haut en amont, qui lui permit d'avoir un réservoir d'où partait tout un système de canalisations pour alimenter la maison en eau et irriguer les terrasses. Sur celles-ci, défrichées à la main au risque de se trouver nez à nez avec des essaims de guêpes furieuses, il planta toutes sortes d'arbres, aménageant un jardin botanique sauvage qui prodigua assez de fruits pour toute la maisonnée.

Il raconte qu'il se levait à l'aube et prenait sa pirogue pour voir le soleil se lever sur les montagnes depuis le lagon, dans le ciel rose et or. Marin, aventurier, jardinier, bricoleur… et poète. On imagine sans peine l'impact qu'il pouvait avoir sur les femmes !

Quelque temps après son retour, il eut la chance de devenir propriétaire du petit atoll de Taiaro, dans les Tuamotu, à trois cents milles à l'est de Tahiti. « *Un atoll de corail immaculé et étincelant, avec des forêts de pandanus et de* tafano *en buissons parfumés, des plages sauvages balayées par l'alizé, et seuls la rumeur du récif et les cris des oiseaux de mer pour compagnie.* » Il y construisit un petit bungalow démontable, entassa des provisions pour quelques mois, embaucha un groupe de travailleurs originaires de Taha'a, aux îles Sous-le-Vent, qu'il baptisa ses « Vikings », et embarqua avec le tout, sans oublier Sally, sur la *Vaiete*, une des goélettes de Papeete à destination des Tuamotu.

Taiaro dépassait tout ce dont il avait pu rêver. C'était une île vierge perdue dans l'océan, avec des plages sans fin et un récif battu par des houles venues tout droit de l'Antarctique. Il y découvrit des oiseaux aux chants inconnus, des colombes qu'il n'avait vues nulle part ailleurs. Tout y était propre et pur : l'air, la mer, le lagon, le sable de corail et de nacre pilés. Comme il le dit dans son dernier livre : *« C'était l'île où je pourrais planter, pêcher, récolter ; mon île à moi, celle dont je pourrais rêver et où je pourrais revenir sans cesse. »*

Leur lune de miel dura six mois dans ce jardin paradisiaque. Coiffés de feuillages et de fleurs, ils exploraient les bosquets et les fourrés, ramassaient des coquillages sur le sable, sillonnaient le lagon en pirogue, attrapaient des crabes et des langoustes dans l'écume du récif, plongeaient pour harponner du poisson ou cueillir des nacres. Ils pêchèrent même quelques perles et découvrirent, sur le rivage au vent de l'île, des traces de tortues qui menaient à leurs œufs frais pondus. Les poissons, piégés dans les creux du corail à marée basse, étaient en groupes si denses qu'il suffisait de les assommer avec un bâton. Pour dessert, il y avait les goyaves et les grosses prunes du *kava*. À part le thé, le sucre et le riz qu'ils avaient apportés, l'île fournissait l'essentiel de leur nourriture. Parfois, ils prenaient le chemin du minuscule village que les « Vikings » avaient construit de leurs mains : les cocos fendus séchaient au soleil. Plus tard, le coprah serait coupé et mis en sacs pour être vendu à Papeete. Le soir, il y avait des chants autour du feu, sous les étoiles.

Bien des années plus tard, nous aussi – Hina qui avait quatorze ans, moi douze – avons fait notre pèlerinage à Taiaro. Mes souvenirs les plus précieux sont liés à l'un de ces voyages à bord d'une goélette. Pour nous qui ne sortions guère d'Ofaipapa, quelles plus merveilleuses vacances ? Avec ses quinze ou vingt kilomètres de diamètre, l'atoll surgit de l'océan comme un mirage dans le désert. Le parfum du *tafano* flottait dans la brise pour nous accueillir. Poppy avait embarqué des provisions pour un mois. Un mois pendant lequel nous vécûmes en « Robinsonnes » – un jeu de mots qui ne nous traversa jamais l'esprit –, dormant dans une cabane couverte de palmes tressées que nous avions la charge d'entretenir (j'ai parfois l'impression d'être née avec un râteau dans une main et un balai dans l'autre), ce qui ne nous empêchait pas de faire nos devoirs tous les matins, après quoi nous redevenions des sauvageonnes et allions pêcher le *tamure*, piquer la nuit les poissons endormis, attraper des *kaveu*, une variété géante de bernard-l'ermite, et ramasser des escargots de mer. Ensuite, nous rentrions à la maison, saoules d'une bonne fatigue, traînant après nous nos poissons alignés comme des trophées sur des bambous. Le lendemain, nous allions au village pour aider à récolter le coprah. Si nous arrivions assez tôt, nous trouvions notre bonne vieille Tiare en train de tordre le cou à un poulet pour le dîner : ensuite, elle le saignait et nous servait le sang frit à la poêle en guise de goûter… C'était la Polynésie d'autrefois. Avant d'aller dormir, nous nous rincions parcimonieusement sous le robinet de la citerne d'eau de pluie, car l'eau douce était précieuse, rare, et pas toujours très propre. Et nous nous enroulions dans nos minces couvertures après un dernier fou rire. Par la fenêtre, quand la brise soulevait le rideau de *pareu*, on apercevait les constellations, dont mon père savait tous les noms, si proches qu'on aurait pu les toucher en levant le bras.

Nous sommes rentrées à Ofaipapa chargées de souvenirs et noires comme des pruneaux, heureuses de retrouver nos matelas douillets, l'eau claire de la douche, tout un luxe que nous avons vraiment apprécié après ces semaines de vie sauvage et spartiate.

C'est le mugissement d'une conque qui donna le signal de la fin du séjour de Sally et de Robbie à Taiaro. Le *Vaiete* était revenu les chercher. Les Polynésiens utilisent des conques dans lesquelles ils soufflent pour rassembler les gens, annoncer un spectacle, ou une arrivée… On coupe le bout de la pointe de la conque qu'on appelle le *pu* et l'on souffle dedans. C'est difficile et il faut avoir du souffle ! Il était temps de quitter l'île de rêve : cette vie plaisait à mon père mais, en même temps, il ne pouvait et ne voulait pas vivre en ermite à ce moment-là. Il avait encore des voyages à faire et des projets à accomplir.

Lui et Sally contemplèrent depuis le large les têtes frémissantes des cocotiers qui s'éloignaient à l'horizon derrière le nuage d'embruns du récif. L'île disparut, et avec elle les dernières sternes blanches, ses âmes évanescentes, qui leur avaient fait un brin de conduite.

Je me suis souvent demandé si ce séjour sur l'île déserte n'avait pas été le dernier moment de vrai bonheur de Robbie. Bonheur avec Sally, bonheur d'un homme dans la force de l'âge, délivré de responsabilités, bonheur sur la mer au milieu de cette poussière d'îles qui composent une incomparable couronne.

Pendant ce temps, l'île, elle aussi, changeait. Papeete, le *« petit port endormi »* de Somerset Maugham, comme l'avait appelé mon père, s'agrandissait. On bétonnait Motu Uta pour y construire des docks et des quais modernes où accosteraient des navires venus du monde entier. La *Nouvelle Cythère* abandonnait la mystique de l'amour pour celle du commerce et du tourisme. L'innocence de l'éden était enfuie depuis longtemps – avait-elle d'ailleurs jamais existé ? Les Blancs n'avaient-ils pas rêvé ce paradis avant même de le découvrir ? Bientôt viendraient les chaudrons nucléaires et leur cuisine d'enfer. L'agitation des affaires recouvrait déjà le mystère des traditions et des coutumes, mais mon père eut cette fidélité-là : il resta à Tahiti. S'il continua ses pérégrinations océaniques, Tahiti était devenue son port d'attache et il y reviendrait toujours.

C'est lors de ses bourlingues aux Tuamotu avec Sally que le couple avait fait la connaissance de Piho.

— Quand je montais sur le *Varua*, me dit-elle, Sally me prenait dans ses bras et n'arrêtait pas de me câliner. Elle et ton père, je me suis vite attachée à eux. Je ne voulais plus qu'ils partent. Je n'arrêtais pas de leur casser les pieds pour qu'ils demandent à mes parents de me laisser avec eux sur le bateau, que je voulais aller à Tahiti avec Sally et Robbie.

— Et alors ?

— Robbie a fini par aller les voir. Il leur a expliqué que Sally et lui n'avaient pas d'enfant et qu'il voulait m'emmener à Tahiti, comme sa fille *fa'a'amu*. Mon père en a été très flatté, mais il voulait que je reste à Raroia encore un an. Je crois qu'il ne voulait pas me lâcher, et il espérait que, d'ici là, je les aurais oubliés. Mais j'ai continué à aller jouer sur le bateau du *popa'a*[1], et le jour de leur départ ton père m'a dit : *« Piho, c'est maintenant ou jamais. »* Alors je suis restée à bord et je suis partie avec eux.

— Aujourd'hui, on appellerait ça un vol d'enfant !

— Peut-être, mais c'est moi qui voulais ça, et puis les choses étaient différentes. La famille, ça n'était pas

1. Le mot *popa'a* désigne les Blancs ou plus exactement « les peaux brûlées » parce qu'ils arrivent blancs et rôtissent au soleil...

seulement papa, maman et les enfants. C'était aussi les grands-parents, les oncles, les tantes et même les voisins. Une maman qui avait une dizaine de gosses les laissait manger et dormir chez les uns et chez les autres, pas de souci. C'est dur à expliquer.

« *Il faut tout un village pour élever un enfant.* » Cette affirmation d'Hilary Clinton me revint à l'esprit, et je me demandai si la femme de l'ex-Président américain savait qu'à Tahiti cela avait été vrai à la lettre, et que ça l'est encore souvent. Les étrangers à nos îles ont parfois du mal à le comprendre, mais la coutume est encore vivace qui consiste à *donner* un de ses enfants à un autre membre de la famille qui vous le demande. Les parents qui ont de nombreux enfants en donneront volontiers à des parents ou à des amis qui n'en ont pas, ou dont les enfants sont adultes et ont quitté la maison. Parfois, ce sont les enfants eux-mêmes qui vont d'une famille à l'autre et adoptent de nouveaux parents, ce qu'avait fait Piho avec Robbie et Sally. Ce qui n'empêche pas qu'ils savent parfaitement qu'ils ont une famille d'origine et une famille *fa'a'amu*, c'est-à-dire, littéralement, nourricière.

— Comment tes parents ont-ils réagi en s'apercevant que tu étais partie comme ça, sans prévenir ?

— Ils ont dû être surpris, peut-être même un peu tristes. Mais ils devaient aussi s'y attendre, et puis ils savaient bien quelle chance c'était pour moi. Combien de gosses, à cette époque, ont eu l'opportunité de partir sur un aussi beau bateau, avec des Américains aussi riches ?

— Quand même !

J'avais beau connaître cette coutume et ne lui opposer aucune objection – moi-même, quelques années plus tard, j'adopterais un petit garçon à la manière *fa'a'amu* –, je me voyais mal, en tant que mère, me séparer de mon fils de cette façon. Cependant, même si je me considère comme tahitienne, j'ai été élevée par mon père dans la culture américaine et je dois avoir, au fond de moi, une idée très occidentale de la famille.

— Mais j'ai été très heureuse avec eux ! m'assura Piho en posant sa grande main brune sur la mienne. On est allés dans plein d'îles que je n'avais jamais vues. Et c'est en arrivant ici, à Ofaipapa, que j'ai rencontré ta maman pour la première fois.

— Quel âge avait-elle ?

— Quand je suis arrivée, seize ans, peut-être plus.

— Qu'est-ce qu'elle faisait, ici ?

J'avais une idée tellement vague de ce qu'avait pu être la vie de ma mère à Ofaipapa. Il n'y avait eu que Tehapai, notre cuisinière, pour m'apprendre que Philomène avait été femme de ménage dans la maison quelque temps. Je me souviens d'avoir aussitôt couru demander à mon père comment une maman pouvait aussi « *faire la bonne* ». Il m'avait répondu sur un ton embarrassé qu'elle s'occupait de la maison de temps en temps, comme nous tous d'ailleurs. Il s'était ensuite dirigé tout droit vers la cuisine. À quelques brefs éclats de voix, j'avais compris qu'il la réprimandait.

— Ta maman avait été *fa'a'amu* par les parents de Tehapai, les Vitau, mais ses vrais parents étaient chinois. Quand je suis arrivée ici, elle venait travailler pendant la journée, mais comme ses parents habitaient de l'autre côté de l'île, elle dormait chez Tehapai, qui habitait pas très loin d'ici.

Je tentai d'imaginer ma mère à seize ou dix-sept ans, une silhouette à la Gauguin dans l'ombre de la cuisine, les yeux baissés, ou bien à genoux sur le plancher, la boîte d'encaustique à portée de main…

— J'avais environ dix ans de moins que ta maman, mais nous sommes devenues très copines. Nous étions les deux plus jeunes de la maison, à l'époque.

— Et Sally ?

— Sally aimait beaucoup Philomène. Elle a fait des portraits d'elle. Mais je crois que ton père ne les a pas gardés.

Il y eut un silence, puis Piho reprit :

— Quand on avait fini notre travail, avec Philomène on montait dans la vallée, on allait se baigner au bassin, on « cassait » des mangues ou des pommes-étoiles, ou bien on allait pêcher au lagon. On était tellement bien à Ofaipapa. C'était la belle vie. Il y avait plein de monde : quatre jardiniers, Tehapai à la cuisine, une ou deux bonnes, et ta maman et moi, en plus des deux *popa'a*.

D'un revers de main, Piho chassa une fourmi de la table.

— Et puis, petit à petit, ton père s'est mis à passer ses journées sur le bateau. Il se levait le matin, il donnait ses consignes et il partait. On ne le revoyait pas avant le soir. Soi-disant il écrivait un autre livre. Pendant ce temps-là, Sally buvait beaucoup. On sentait bien que ça n'allait pas. Plusieurs fois, il lui a dit d'arrêter, mais elle riait. Elle disait qu'elle avait besoin de boire pour peindre.

Le café était froid. Je me levai pour aller chercher un pichet d'eau fraîche et deux grands verres.

— Un jour, je crois que c'était pendant *le Juillet*, les fêtes de juillet, les choses ont tourné au vinaigre. Ils étaient allés à une réception et, en revenant, il lui a ordonné de descendre de l'auto et de rentrer à pied. Que ça lui ferait du bien parce qu'elle était saoule.

Piho jeta un regard en coin au portrait de mon père comme pour s'assurer qu'il n'avait pas entendu.

— Et alors ?

— Ils se sont engueulés..., chuchota Piho en continuant à lorgner le portrait.

— N'aie pas peur, dis-je en riant, il est enterré là-haut, dans la vallée ! Il ne sortira pas de son tableau !

Piho eut un petit rire, mais continua à voix basse :

— Ils criaient, ils criaient... On entendait tout. Sally lui a dit que c'était de sa faute si elle buvait. Qu'elle en avait marre de lui. Qu'il n'arrêtait pas de regarder les bonnes. Qu'elle était malheureuse...

— Qu'est-ce qu'il a répondu ?

— D'abord, il n'a pas su quoi dire. Comme si ça l'étonnait que Sally se soit aperçue qu'il regardait les filles, enfin, les bonnes. Ou comme s'il fallait que Sally le lui dise pour qu'il s'en rende compte. Il y en avait une, surtout, d'après Sally. Alors Robbie lui a dit : *« Tu es ridicule » !* Et ils se sont tus.

— Elle pleurait, peut-être ?

— Elle pleurait depuis le début. Elle lui a dit de mettre la fille à la porte.

— Quelle fille ? ai-je demandé, tout en connaissant parfaitement la réponse.

— Philomène, bien sûr.

— Elle était déjà sa maîtresse ?

— Non, je ne crois pas. Pas encore. Mais je crois que Sally se doutait que ça allait arriver un jour ou l'autre. C'est pour ça qu'elle voulait que Robbie la renvoie. Pour sauver son mariage. Et ton père l'a fait. Il a renvoyé Philomène dans sa famille chinoise. Ils avaient un petit magasin en ville, à Taunoa, je crois, mais ils n'étaient pas riches, ils avaient plein de problèmes. Ici, à la maison, tout le monde disait que le *popa'a* était tombé amoureux d'une bonne. Une bonne chinoise, pauvre en plus. On n'avait jamais vu ça.

En dépit de ma tristesse à cet instant, je ne pus pas m'empêcher de me demander si c'était l'histoire classique du prince et de la bergère, ou celle du maître abusant de sa soubrette.

— Tu crois que mon père était amoureux de ma mère ? Et ma mère amoureuse de lui ?

J'aurais volontiers donné dix ans de ma vie pour savoir au moins cela.

— Je ne sais pas.

Piho resta pensive un moment.

— Ton papa, on ne savait jamais ce qu'il pensait. Alors, amoureux…

— Personne n'avait une idée ? Ça se voit, quand quelqu'un est amoureux !

— Peut-être que Tehapai savait. Moi, j'étais trop jeune pour me poser la question. C'est après, quand ils se sont mis à dormir dans le même lit, que les choses se sont compliquées.

— Et Philomène, elle ne t'a jamais rien dit ?

— Pas vraiment. De toute façon, elle n'aurait pas parlé. Tu te rends compte, une fille si belle, si jeune, tomber amoureuse d'un vieux *popa'a* ! Il était beau, d'accord, mais il avait quand même dans les cinquante ans, non ? Elle aurait eu peur qu'on se moque d'elle. Les filles ne se font pas de cadeaux, tu les connais !

Je souris. Mes sœurs et moi passions une bonne partie de notre temps à nous taquiner. Ma mère était soudain plus proche qu'elle ne l'avait jamais été. Plus réelle, bien plus en tout cas que la photo en noir et blanc de ma chambre. Elle avait éprouvé les peurs, les espoirs et les hontes de toutes les jeunes filles.

— Mais franchement, je ne crois pas que Philomène ait été vraiment attirée par Robbie au début. Plus tard, ah oui ! Mais pas au début.

Je repensai à mon père qui, à un âge avancé, était en effet resté bel homme, même si le long visage sévère et les lèvres toujours serrées qui trahissent son obstination et sa rigueur, dans les photos de presse des années 30, s'étaient probablement déjà adoucis à cette époque.

— Et puis un jour, continuait Piho, Sally a déménagé en haut de la vallée, là où ton père avait bâti un petit bungalow. Elle disait qu'elle avait besoin d'être seule et tranquille pour peindre, mais on savait tous qu'il y avait une autre raison : c'est lui qui l'avait éloignée là.

J'avais le vague souvenir d'une cabane en ruine tout en haut de la propriété. Nous faisions la course, et c'était à qui y arriverait la première. J'imaginai Sally, seule la nuit, au milieu de ses toiles et de ses pinceaux, dans ses odeurs d'huiles, travaillant à la lumière d'une lampe à pression, tâchant d'ignorer ce qui était devenu flagrant pour tout le monde. En bas, elle n'avait plus sa place dans le cœur de Robbie.

— Tehapai lui préparait à manger et c'est moi qui lui montais ses repas, tout là-haut. Des fois, Tehapai et moi, on allait la voir ensemble…

Piho avait tourné la tête et regardait l'horizon vide. Il n'y avait plus de pêcheur devant le récif. J'avais du mal à comprendre comment Sally avait pu accepter d'aller vivre en recluse sur la montagne.

— Qu'est-ce qu'elle attendait ?

— Oh, je crois qu'elle se disait qu'elle finirait par lui manquer, qu'il allait la rappeler et qu'elle reviendrait vivre à la maison.

Piho se mordait les lèvres, plissait les yeux.

— Et comment faisait-elle là-haut, sans douche, sans rien ?

— Une petite source coulait pas trop loin, à dix minutes. Elle pouvait aller se baigner, laver un peu de linge, puiser de l'eau. Il y avait un petit bassin naturel, assez joli… Et puis elle travaillait beaucoup. Elles étaient belles, ses peintures.

Piho contemplait le plafond. Un gecko était embusqué au revers d'une poutre, une mite tournoyait.

— Un jour, ton père est monté. Le lendemain, il m'a dit de prendre toutes les affaires de Sally qui restaient dans la maison, et de les mettre dans sa malle parce qu'elle partait par le prochain bateau. Puis il m'a envoyée pour aider Sally à descendre ses peintures et tout ça. Si on ne pouvait pas tout prendre, on n'avait qu'à laisser sur place. Quand on est arrivées à la maison, lui, il était parti sur le *Varua*. C'est Tehapai qui a dit à Sally que Madeleine Moore viendrait le lendemain pour la conduire en ville. Madeleine, c'était une amie du couple. Sally n'a rien dit. Elle s'est juste assise, là, sur les marches, et elle a regardé la mer longtemps.

Ainsi, Robbie ne l'avait même pas emmenée au bateau lui-même. Je me sentis envahie par une honte épouvantable. Dans nos îles, les adieux sont un rituel quasi sacré, et ils l'étaient encore plus à l'époque des bateaux. Mais je ne pouvais pas, je ne voulais pas juger mon père. Leur dernière entrevue avait dû être si terrible qu'il n'y avait plus rien eu à ajouter, pas même un adieu de pure forme.

— Le lendemain, quand Madeleine Moore est venue la chercher, on était tous en larmes. On a mis les bagages dans l'auto. Et on n'a plus entendu parler de Sally.

Piho s'essuyait les yeux avec ses poignets.

— Madeleine vous a raconté son départ, ensuite ?

— Je ne l'ai pas revue tout de suite, mais j'ai bien vu qu'elle avait honte et qu'elle en voulait à ton père, le jour où elle m'en a parlé.

— Pourquoi est-ce qu'elle n'a pas refusé de faire le taxi ?

— Tu sais bien qu'on ne pouvait rien refuser à ton père. Madeleine a accompagné Sally au bateau et c'est elle qui lui a donné le billet qu'il avait acheté. Elle ne savait plus où se mettre : c'était un billet de troisième classe, dans l'entrepont. Sally est devenue toute blanche. Elle a dit à Madeleine que ce n'était pas la peine d'aller raconter ça à tout le monde.

— Et bien sûr, *Radio Cocotier* a donné la nouvelle le jour même, non ?

J'imaginais tous les clients du *Cercle*, assis aux premières loges, faisant des gorges chaudes, témoins privilégiés de la disgrâce de Sally qui, là-bas, montait la passerelle des troisièmes classes.

Je savais que Sally était morte en Italie. Elle avait continué à peindre et même connu un certain succès. Les couleurs de Tahiti imprégnaient ses tableaux, disait-on. Elle avait aussi continué à boire. Je me demandai si le souvenir de mon père l'avait hantée le reste de ses jours. De quel amour *caractériel* l'aimait-elle ? Avait-elle fini par le haïr ? Ou par l'oublier ?

Piho me suivit à la cuisine. J'avais du thon frais, des citrons, du lait de coco. Nous avons déjeuné d'un poisson cru traditionnel, sous le toit de pandanus du *fare pote'e*[1] au bord de la plage. Moorea se détachait sur le ciel clair. Le lagon était lisse et serein. Bien plus serein que moi.

Un peu plus tard, je suis allée dans mon atelier chercher le carton où j'avais rassemblé un tas de photos, de coupures de presse, de journaux de bord et d'autres documents que j'avais retrouvés, en forçant le coffre noir où William Albert Robinson gardait ses trésors, dans son bureau, ainsi que les quatre livres signés de lui.

Il était temps que je fouille directement dans ses souvenirs.

1. *Pote'e* : petite construction de forme ovale coiffée d'un toit en pandanus.

# Ah You

Dans le carton que j'avais rapporté de l'atelier se trouvait une grande enveloppe beige remplie de lettres et de photos. Des photos, il y en avait aussi dans les livres de mon père et j'espérais que les images d'antan stimuleraient la mémoire de Piho, qu'elle m'aiderait à mettre des noms sur certains visages et qu'elle retrouverait des épisodes oubliés de son enfance et de la nôtre.

Les coudes sur la table, je l'observais en train de fouiller dans la pile avec des gestes délicats. On voyait Sally, un grand sourire aux lèvres.

— Ici, regarde, c'est moi avec Philomène en train d'écailler du poisson, mais on la devine seulement de dos.

On ne voyait qu'une cascade de longs cheveux. Je demandai :

— Qu'est-ce qui s'est passé après le départ de Sally ?

Piho leva les yeux, fronça le nez.

— Ben, rien. Au bout d'un moment – je ne sais plus, trois mois, six mois peut-être –, Philomène est revenue travailler ici. Ton père a dit à Tehapai qu'il avait besoin de quelqu'un en plus à la maison, maintenant que Sally était partie. Tu aurais vu la tête de Tehapai le jour où il lui a dit ça ! Elle avait tout compris, et nous aussi, mais bien sûr, personne n'a rien dit. Alors, le lendemain, elle a pris le *truck* pour aller en ville chercher Philomène chez sa tatie chinoise. Ta mère était si jeune, elle craignait un peu Robbie, mais elle a accepté de venir, à condition de pouvoir dormir avec moi parce qu'elle avait peur la nuit. C'est comme ça que Robbie a fait construire un petit *fare* au bout du jardin, juste pour nous deux. Plus tard, c'est devenu votre salle de classe.

— Ah bon ? J'avais toujours cru qu'il avait fait bâtir notre école rien que pour nous.

C'est à ce moment-là que j'appris cette chose dérisoire que ma mère et moi avions en commun : le *fare* où j'avais ânonné mes conjugaisons françaises avec M. Chezeau avait été sa chambre. Pour moi, dans ma quête du passé interdit, il y avait là comme un chapitre entier de souvenirs d'elle qui se mêlaient aux miens.

Piho posa ses lunettes en demi-lunes.

— Philomène, son travail, c'était le ménage de la grande maison : le salon, le bureau de Robbie, sa chambre, il fallait qu'elle astique, qu'elle passe la cire, qu'elle époussette les statues, les tableaux, les bibelots… Et c'était sa grande fierté, quand elle avait fini, de voir tout impeccable et brillant.

J'imaginais le soin qu'elle avait dû mettre à entretenir toutes ces choses précieuses, parfois mystérieuses, qui appartenaient à un autre monde, où les codes et les rituels étaient si différents du sien. Un peu comme une jeune fille pauvre à qui l'on prête des bijoux hors de prix… Je me demandai si elle avait ressenti le désir croissant de mon père pour elle. En était-elle flattée ? Ou bien se sentait-elle piégée, se doutant plus ou moins qu'elle aurait bientôt à satisfaire les désirs du maître ? Ce *popa'a* cinquantenaire, sévère, distant, silencieux, que pouvait-il représenter pour elle, jeune fille en fleur de dix-huit ans ?

La voix de Piho interrompit mes spéculations.

— Tous les soirs, il nous accompagnait jusqu'au *fare* au fond du jardin. Il faut dire qu'on avait toutes les deux une frousse terrible de rencontrer des *tupapa'u,* les revenants, les esprits des morts, dans le noir, comme de vraies gosses. Et puis un soir, il nous a dit de lui préparer deux tasses d'Ovomaltine, parce qu'il était invité dehors.

— De l'Ovomaltine ?

— Oui, il avait l'habitude de boire ça avant de mettre une fille dans son lit. Alors quand il nous a demandé de préparer deux tasses, on s'est tout de suite dit qu'il avait l'intention de ramener quelqu'un cette nuit-là. Philomène et moi, on était tout excitées, tu imagines. Et nous voilà dans la cuisine, à remuer le lait dans les tasses. Bon, on les a laissées là et on est allées se coucher. Mais quand je me suis réveillée le lendemain, plus de Philomène !

— C'est comme ça que tout a commencé ? Il l'a séduite avec une tasse d'Ovomaltine ?

Je ne pus m'empêcher de rire. Et puis j'eus un peu honte.

— C'est tout ce qu'il avait trouvé comme cadeau ?

— L'amour n'a pas besoin de cadeaux, décréta Piho sur un ton sentencieux.

Plus tard, mon père ne séduirait-il pas Manlei avec des crèmes glacées ?

— Alors, elle était où, ce matin-là ? Dans le lit de son patron ?

Je fus surprise de l'agressivité qui perçait dans ma voix. Qui étais-je pour la juger, pour le juger ? Nous a-t-on assez répété que la chair est faible ! Et je fais un pitoyable parangon de vertu.

— J'ai d'abord cru qu'elle s'était levée tôt et qu'elle était déjà au travail. Et puis quand je suis allée appeler ton père pour le petit-déjeuner comme tous les matins, la porte de sa chambre à double battant était entrouverte, comme d'habitude, et j'ai vu Philomène dans le lit. J'ai failli tomber à la renverse en la voyant se lever. Je l'avais réveillée. Elle était toute nue. Qu'elle était belle ! Elle a attrapé un *pareu* et elle m'a fait un drôle de sourire.

Fallait-il absolument que je reconstitue ces événements ? Mon père qui l'observait depuis des mois, affectant l'indifférence du maître pour la servante, rattrapé par ses émotions ce soir-là : la sérénité du visage oriental de Philomène, sa sensualité naturelle, son corps parfait. J'imagine William Albert Robinson faisant les cent pas dans le grand salon, vieux puritain puisant peut-être dans un verre ou deux le courage de se damner encore une fois.

Et Philomène ? Comment réagit-elle en sentant la main du maître sur elle, en comprenant l'ordre silencieux de le suivre dans la nuit ? Y avait-il une pleine lune ce soir-là ? Une brise fraîche descendant de la montagne, le grondement assourdi de la houle sur le récif en écho à son cœur battant ? Avait-il eu besoin de lui murmurer des choses tendres en l'entraînant dans la maison, sa bouche contre son cou, son nom dans un souffle ? La sauvageonne venue du fin fond des districts, la Cendrillon des faubourgs de Papeete, incrédule, s'était-elle soumise au prince charmant en protestant pour la forme, ou bien, muette, en s'abandonnant avec gratitude, comme dans un rêve trop beau pour être vrai ?

Mais peut-être était-elle, avec son éducation tahitienne, autant que lui au fait des choses de la chair, leurs peaux moites se trouvant enfin dans l'épaisseur de la nuit tropicale, sachant tous les deux, au premier regard, après le premier baiser, que le reste de l'histoire était maintenant inévitable. Qu'il faudrait payer le prix de ce paradis-là, qu'ils étaient en train de brûler leurs vaisseaux.

Je voulais croire que Philomène était amoureuse de son *popa'a*, qu'elle l'avait toujours été, et qu'elle n'en avait rien laissé paraître de peur que les autres, à la maison, se moquent d'elle, la fassent renvoyer peut-être. Tous ces mois passés à récurer les planchers au service de l'homme qui la convoitait, sans même oser lever les yeux sur lui. Et puis la récompense inespérée. Peut-être...

— Qu'est-ce que tu as fait ?

— Je suis restée à la cuisine et j'ai pleuré pendant des heures...

— Mais pourquoi ?

— Parce que Philomène avait pris la place de Sally. Pour moi, Sally était ma maman *fa'a'amu*. C'est elle qui m'avait amenée de Raroia. Je l'aimais comme ma mère et je venais de la perdre. Et Philomène, je l'aimais comme ma grande sœur. Mais à partir de ce jour-là, c'était fini, elle ne serait plus ma sœur, ni même ma copine : elle allait être la patronne. En deux mois, j'avais perdu toute ma famille.

Piho avait les larmes aux yeux. Ce fut mon tour de lui presser la main. Je laissai le silence estomper le souvenir de son chagrin d'enfant.

— Et mon père, qu'a-t-il fait ? demandai-je au bout d'un moment.

— Ton père, il était en ville. Il était descendu tôt le matin. Je crois qu'il voulait donner le temps à Philomène de nous parler.

J'aurais aimé que Piho eût raison, que l'absence de mon père ce matin-là fût un mouvement de délicatesse de sa part. Mais j'aurais préféré qu'il se tînt là, la main dans celle de Philomène, devant les autres, fier garant de leur nouvelle vie. Je soupçonnais une certaine lâcheté de sa part, une façon de refuser de faire face aux périls de la passion. Et ma mère ? Comment avait-elle, domestique la veille, endossé son statut de maîtresse de maison ? L'avait-elle fait volontiers ou contrainte ? Son désir d'être aux côtés de mon père avait-il été plus fort que celui de demeurer l'égale de ceux qui, la veille encore, étaient sa famille et ses amis ? Était-elle prête à supporter les médisances, les regards en dessous, les chuchotements plus ou moins malveillants sur son passage ?

— Tehapai m'a trouvée en train de pleurer dans la cuisine. Elle s'est contentée de hausser les épaules : *aita e rave'a*, on n'y pouvait rien, puis elle m'a dit d'aller me laver la figure et de faire un effort. Ensuite, elle a installé le petit-déjeuner pour ta mère et elle l'a appelée : *« Le petit-déjeuner est prêt ! »* Quand elle est arrivée avec juste son *pareu* attaché sur sa poitrine, on était là toutes les deux, sans oser la regarder, trop contentes de faire les curieuses, mais on avait tellement honte en même temps. Sauf Tehapai. Elle, ça ne la dérangeait pas du tout. Elle avait deviné depuis longtemps que Robbie et Philomène étaient attirés l'un par l'autre. Elle avait même dû le savoir avant eux. Elle savait comment ça se terminerait, et voilà, c'était arrivé. Qu'est-ce qu'on peut faire quand l'orage éclate ou quand le vent balaye tout ?

— Et avec vous, elle a changé ensuite ?

— Au début, elle ne savait pas trop comment se comporter. Le lendemain, elle s'est levée tôt et elle était déjà en train de faire le ménage quand Tehapai est arrivée pour préparer le petit-déjeuner. Tehapai a éclaté de rire : *« Philomène, arrête ! C'est fini pour toi, tout ça ! »*

— Elle se moquait d'elle ?

— Mais non, Tehapai adorait ta mère, elle la taquinait seulement. Philomène le savait bien, mais elle a d'abord hésité, elle lui a tendu le balai et puis elle l'a repris en riant : *« C'est ma maison, après tout. Je fais ce que je veux ! »* Sauf que ton père lui a ensuite interdit de cirer le parquet. Il ne voulait pas voir sa femme à quatre pattes avec un chiffon. Bon, elle faisait quand même la poussière sur les étagères, elle confectionnait des bouquets très beaux, elle plantait dans le jardin, elle allait à la pêche aussi. Et puis, deux ans plus tard environ, Hina est née pendant un voyage sur le *Varua*, à Panamá. De ce jour-là, elle ne s'est plus occupée que de sa fille.

Piho repoussa la pile de photos et attrapa un des livres qu'elle poussa vers moi.

— Je crois que c'est dans celui-là qu'il raconte le voyage à Panamá. Il m'en a donné un, je me rappelle, en 1957, l'année de la mort de ta maman. J'avais un peu de mal à lire l'anglais, mais je me suis débrouillée, et puis il y avait des photos, ça m'a fait plaisir.

Je me mis à feuilleter *To the Great Southern Sea*, tandis que Piho continuait.

— À mon avis, ton père était resté à terre trop longtemps. Son bateau lui manquait. À un moment, pendant les deux premières années avec Ah You – c'est comme ça qu'il appelait Philomène, d'abord parce que c'était son vrai prénom chinois, et puis ça le faisait rire –, il s'est mis à avoir des insomnies. Il se réveillait la nuit et, comme il n'arrivait pas à se rendormir, il allait à son bateau et il passait des heures à regarder les cartes.

*« Pour l'enfant, amoureux de cartes et d'estampes*
*L'univers est égal à son vaste appétit… »*

La voix solennelle de M. Chezeau, déclamant ces vers de Baudelaire auquel je n'avais alors rien compris, résonna dans ma mémoire. Pendant des années, Robbie avait rêvé de suivre la trace des grands voiliers du siècle précédent, la route du sud vers l'est et le cap Horn, *« là où, écrivit-il, les grands vents soufflent sans relâche et roulent devant eux la houle sans rencontrer d'obstacles »*.

J'imagine que c'est pendant ces nuits sans sommeil qu'il a dû élaborer le plan de la route qu'il suivrait : droit sur le sud pour trouver les vents d'est jusqu'à la Patagonie ; puis le courant de Humboldt pour remonter vers le nord, le long des côtes sud-américaines, le Chili, le Pérou, et atteindre Panamá où je savais qu'était née Hina, ma sœur aînée ; enfin, retour par les Galápagos et la route des alizés jusqu'à Tahiti. Et ma mère l'accompagnerait.

Ce serait le plus grand moment de la vie de mes parents : leur aventure serait publiée, avec leur amour en délicat contrepoint, culminant avec la naissance de Hina, le plus beau cadeau de Ah You à Robbie, avant la sérénité du retour à Tahiti, plein des nouvelles promesses d'un nouveau bonheur.

— On est partis début janvier, en 1951, continuait Piho. Il y avait ton père et ses deux matelots, Zizi et Tino, ta mère, qui était enceinte de trois mois, et moi. Ton père disait qu'il avait charge d'âmes, quatre âmes aussi différentes que les quatre vents. Traduis-moi un peu ce qu'il raconte, là, au début.

Je lus :

*« Je me surpris à penser à toutes les choses incroyables qu'on ne voit qu'à Tahiti et nulle part ailleurs. Je revoyais les plantureuses mamas assises dans les rivières, coiffées de couronnes de feuillage, leurs mamelles énormes flottant*

*devant elles comme des pastèques brunes dans le courant. Je revoyais les grands-mères fonçant à mobylette sur la route, leurs nattes grises flottant au vent ; la patache de Moorea, la petite Mitiaro, chargée à couler de sacs de coprah, de porcs, de veaux, de bicyclettes et d'êtres humains ; l'avion qui était venu inaugurer la ligne de courrier aérien et était reparti après les cérémonies en oubliant le courrier – on ne s'en était aperçu qu'aux îles Cook. Je revoyais les chiens en train de pêcher sur les hauts-fonds, les poules qui s'envolent et vont se percher pour la nuit tout en haut de notre manguier ; Hiria, notre jument pommelée qui descend à la plage, se roule dans le sable et prend son bain dans le lagon tous les samedis après-midi, sans qu'on ait jamais su si elle savait compter les jours, ou reconnaissait le samedi aux voitures sur la route, ni pourquoi elle avait choisi le samedi après-midi plutôt que le dimanche. »*

Piho exultait :

— C'est vrai ! C'est vrai !

*« Parfois je pense que tous ceux qui vivent à Tahiti – les animaux et les oiseaux autant que les gens – sont un peu fous, et moi-même un peu plus que les autres ; car il serait difficile d'expliquer pourquoi quelqu'un d'apparemment sensé aurait envie de quitter Tahiti et le plus merveilleux climat du monde pour descendre dans les quarantièmes rugissants et couvrir cinq milles nautiques sur le coin d'océan le plus désert et le plus inhospitalier du monde. Tout ça pour aller voir la Patagonie, où il fait en permanence un temps épouvantable. »*

— Avec une jeune fille et une femme enceinte à bord, c'est ce qu'il oublie de dire, ajouta Piho sur un ton ironique, les yeux au ciel. Mais continue !

*« De toute évidence, Rapa était le bout du monde, le dernier avant-poste de l'Océanie française ; une île*

*oubliée et peuplée presque uniquement de femmes. Il n'y avait là pas plus de trois cents âmes lors de notre passage. L'apparente misère de l'île et la crasse dans laquelle semblaient vivre ses amazones décourageraient l'homme le plus désespéré. Nous n'y avons pas vu un seul Blanc. »*

Je feuilletai un peu plus loin.

*« Notre équipage revint, heureux comme seule peut l'être une bande de Tahitiens après un bain à la rivière, Ah You et Piho couronnées de fougères et de fleurs, Tino et Zizi, debout dans la baleinière, entourés de tant de femmes que je n'apercevais que le haut de leurs crânes. Ils étaient chargés de cadeaux, des légumes et des fruits de l'île. Les deux autres baleinières les escortaient, également chargées. Une fois encore, nous fouillâmes le* Varua, *espérant trouver dans notre précieux stock de vivres de quoi leur rendre la politesse. Hélas, il ne nous restait plus grand-chose à offrir. Mais je ne sais plus qui eut soudain l'idée de leur offrir de l'eau glacée, et ce fut le plus gros succès de notre séjour. »*

— Oui ! s'écria Piho. Je me rappelle bien cette fois-là ! Qu'est-ce qu'on s'est amusés ! Ils étaient tous là, debout dans les baleinières le long du bateau. On faisait passer les verres et les pichets d'eau avec les glaçons dedans, et ça criait, et ça riait. Ils n'avaient rien pour fabriquer de la glace dans l'île, tu comprends. Il y en a qui pêchaient les glaçons dans les pichets et qui les croquaient comme ça, à pleines dents. À la fin, on n'avait plus de glace, et presque plus d'eau. Il a fallu repartir avec une baleinière remplir les bidons de cinq gallons à la rivière ! Encore une partie de rigolade !

Pas besoin de vin ni de champagne pour s'amuser, dans les îles. C'était ça, la fameuse joie de vivre d'autrefois. La moindre rencontre un peu inattendue devenait une fête. Il suffisait de venir d'ailleurs, forcément porteur de choses nouvelles, pour être le bienvenu.

— Remarque bien, on rigolait moins les semaines suivantes, quand on s'est retrouvés dans le froid. La première fois que j'ai vu de la fumée sortir de ma bouche, j'ai couru voir ton père, je paniquais. Je croyais que j'avais avalé un *tupapa'u* ! Lui, évidemment, ça l'a fait marrer. Et puis Ah You et moi, on avait beau s'enrouler dans nos couvertures, on avait toujours froid.

J'imaginai les deux petites vahinés dans leur *pareu* de coton, oiseaux de paradis jetés dans un zoo polaire, à deux doigts de me demander s'il n'y avait pas un fond de sadisme chez William Albert Robinson. J'avais ouvert le livre au milieu : une série de planches photographiques. Je reconnus la photo de ma mère qui est encore accrochée au mur de ma chambre, et une autre où elle joue de la guitare tandis qu'une jeune fille danse sur le pont.

— La danseuse, là, c'est moi ! s'écria Piho, joyeuse.

Il y avait plusieurs photos du *Varua*, les deux voiles carrées de son grand mât lui donnant presque l'air d'un bateau de pirates ; une de Hina dans un panier au pied du grand mât, et encore elle dans les bras de ma mère aux Galápagos. On apercevait un iguane au pied des rochers.

— Sur le *Varua*, disait Piho, il y avait des hauts et des bas, mais ça dépendait surtout du temps. Quand le bateau se mettait à danser trop fort, quand il pleuvait pendant des jours, qu'on ne voyait plus le soleil, je m'enroulais dans ma couverture et je dormais. Tino et Zizi pouvaient bien me marcher dessus, le vent chasser les embruns jusque dans la cabine, je dormais. Avec Ah You, quand on n'avait pas le moral, on se racontait tout ce qu'on allait manger quand on reviendrait à Tahiti : et les papayes, et les petites bananes sucrées, les gros pamplemousses, les pommes-étoiles et les quenettes… On irait pêcher sur le récif, on mangerait des *ma'oa*, les gros escargots de mer, tout crus, avec des mangues vertes trempées dans la mer. On se refaisait notre petit Tahiti au fond de la cabine.

Pour elles, m'expliqua Piho, il s'agissait d'un voyage en Amérique, et l'Amérique ce n'était jamais qu'un autre *fenua*, une autre île en somme, comme Bora-Bora ou Raiatea… ou Paris ! *« Dis, Robbie, on pourrait pas s'arrêter à Paris avant d'aller en Amérique ? »* Il avait beaucoup ri de leur naïveté. Ma mère avait donc été aussi ignorante que cela ? Mais pourquoi en étais-je étonnée ? Était-elle même allée à l'école ? Je n'oubliais pas qu'à quinze ou seize ans elle travaillait déjà.

Encore une fois, j'en étais à me demander comment mon père avait pu être attiré par une jeune fille aussi différente de lui. Comment Philomène avait-elle pu entrer en compétition avec des femmes aussi cultivées que Florence et Sally ? Qu'avait-elle à offrir à un homme qui avait fait le tour du monde et côtoyé des beautés à l'éducation raffinée, aux manières sophistiquées ? Avait-il été hypnotisé par sa vénusté ? Séduit par son innocence ? Désarmé par son naturel et sa gaieté ? Et elle ? Avait-elle été aveuglée par son rang, sa fortune, ses connaissances inépuisables ? N'avait-elle pas eu d'autre choix que de succomber aux désirs de son maître ? Ou bien avait-elle trouvé en lui le père qu'elle voulait pour son enfant ?

Je ne le saurai jamais, bien sûr, et je n'ai pas d'autre choix que de me persuader que leur amour était partagé, qu'il transcendait toutes ces considérations de classe et de culture. S'il en avait été autrement, je veux croire que ma mère aurait trouvé le moyen d'y échapper.

En écoutant Piho, je voyais se dessiner la silhouette d'une jeune femme heureuse aux côtés de son homme, sirotant avec méfiance son premier Coca-Cola, fascinée par les Chiliennes de Valdivia qui portaient un étrange tatouage sur leurs jambes – il s'agissait de bas résille –, peu rassurée par le vacarme du train qu'ils avaient pris pour monter dans les Andes. Le train en question finit d'ailleurs par dérailler, et ils durent attendre les secours pendant des heures dans des wagons sans chauffage. Piho se rappelait la varicelle que mon père avait attrapée peu après et transmise à ma mère ; et la visite de la cathédrale de Lima où est exposée depuis quatre cents ans la momie du conquistador Pizarro.

— Philomène et moi, on tremblait de peur. C'était la première fois qu'on voyait un vrai *tupapa'u*…

Ils avaient continué, traversé les Andes en passant le pont d'Infiernillo, le plus haut du monde à l'époque.

— C'est là que ton père s'est arrêté pour nous apprendre à faire des boules de neige !

J'écoutais, muette.

— On est arrivés à Panamá juste à temps pour la naissance de Hina. Quel beau bébé ! Elle avait plein de cheveux sur la tête ! On l'a mise dans un grand panier carré au pied du grand mât, c'était l'endroit le plus sûr quand il faisait beau. Et puis il a fallu rentrer.

Piho soupira. La joie des souvenirs ne va pas sans regrets.

Mon père, à en croire ses écrits, regorgeait de projets sur le chemin du retour : il restait mille aménagements à faire à Ofaipapa, maintenant qu'il avait charge de famille, et il voulait aussi emmener Philomène et sa fille dans les Tuamotu, leur faire découvrir Taiaro.

— Tu ne m'écoutes pas, soupira Piho.

— Mais si. Je me demande seulement si, dans son amour de la mer, il y avait assez de place pour sa femme et ses gosses.

— Enfin, Tumata ! Tu ne peux pas dire des choses comme ça ! Tu sais bien qu'il t'aimait !

Bien sûr qu'il m'aimait, qu'il nous aimait. Reste que cet amour s'était accompagné de tant de silence qu'il me fallait aujourd'hui plonger dans l'obscurité du passé pour tenter d'y voir clair. « *Si je ne me brûle pas au poison des profondeurs,* disent les Chinois, *comment pourrai-je obtenir un peu de lumière ?* » Mais je n'allais pas empoisonner les souvenirs de Piho avec mes doutes.

— Continue. Raconte-moi le retour ici avec le bébé.

— Bertrand avait reconnu le *Varua* de loin et il nous attendait sur le quai avec Lou, un ami commun. Ton père n'avait dit à personne que Philomène était enceinte au départ. Alors quand ils ont aperçu de loin le panier au pied du mât, ils se sont posé des questions. Lou a dit : « *Tu crois qu'ils ont un bébé à bord ?* » Et Bertrand a répondu : « *Ça m'étonnerait ! Ce doit être un panier pour mettre les légumes et les fruits.* » Plus tard, ils sont montés à bord pour nous embrasser… Imagine leur tête quand ils ont vu Hina dans le panier ! Pour un fruit, c'était un beau fruit : un bébé de presque quatre mois !

Ainsi mon père n'avait parlé à personne de la grossesse de Philomène. Voilà encore une chose qui me gênait. D'habitude, on est heureux d'annoncer ce genre de bonne nouvelle aux amis. Timidité ? Embarras dû à leur différence d'âge ? Au fait que Philomène et lui n'étaient pas mariés ? Pourtant, on n'était pas en Nouvelle-Angleterre ! À Tahiti, c'est bien la chose la plus naturelle du monde. Ou peut-être Robbie avait-il eu du mal à s'accepter comme papa ? Pourtant, je peux témoigner qu'ensuite il prit très à cœur son rôle de père.

— Le berceau de Hina était juste là, poursuivit Piho avec un regard vers la grande chambre, derrière les cloisons de nattes. Tous les soirs, ta maman lui chantait des berceuses. Elle jouait si bien de la guitare, et elle avait une voix si douce ! Quelquefois, on entendait des applaudissements au-dehors, comme une rumeur dans la vallée, au-dessus. Un jour, Tehapai, Ah You et moi on a couru jusqu'au portail, mais il n'y avait personne. Et à l'époque, les voisins les plus proches étaient à un ou deux kilomètres. Alors on s'est dit que c'étaient des *tupapa'u.* Ofaipapa est plein de fantômes. Mais ta mère n'avait pas peur, elle disait que c'étaient des *tupapa'u* gentils : s'ils applaudissaient, c'est qu'ils étaient heureux.

— Piho… Tu sais que j'en ai déjà vu un ? Enfin, je crois. J'avais dix ou douze ans. C'était le soir, près du portail. J'ai senti quelque chose derrière moi et je me suis retournée : j'ai vu une ombre traverser l'allée. Elle ne marchait pas, on aurait dit qu'elle flottait au-dessus du gravier. J'ai filé jusqu'à la maison, je suis sûre que je n'ai jamais couru aussi vite de ma vie ! Mes sœurs se sont moquées de moi, mais je n'ai jamais pu expliquer ce que j'avais vu.

C'était la première fois que je relatais cette vieille histoire, que j'entourais dans mon esprit de mille précautions. Enfant, on m'avait appris que seuls les Tahitiens pouvaient les voir. À l'époque, je ne connaissait pas grand-chose de la culture polynésienne, sinon, justement, ce genre de superstitions. Il y avait d'ailleurs une autre histoire, une vraie rencontre celle-là. J'étais sûre qu'elle plairait à Piho.

— Une autre fois, Poppy était déjà malade, j'ai entendu frapper au portail et je suis allée voir. C'était une Tahitienne, plus petite que toi, mais à peu près de l'âge que tu as aujourd'hui. Elle avait la peau très pâle, une grosse natte de cheveux blancs dans le dos. Elle m'a regardée, elle m'a saluée. Et puis elle a continué à me regarder en souriant, mais sans rien dire. Alors je lui ai demandé si je pouvais faire quelque chose pour elle, si elle voulait utiliser notre téléphone… Non, non, elle voulait simplement qu'on lui permette de monter à la source, dans la vallée. Je lui ai demandé pourquoi. Elle m'a dit qu'elle voulait juste prendre un peu d'eau, parce que l'eau de notre source, c'est de l'eau qui guérit. C'était la première fois que j'entendais ça.

— Et alors ? demanda Piho, toute ouïe.

— Elle m'a raconté que, bien longtemps auparavant, un *tahu'a* avait jeté une malédiction sur plusieurs familles du district : les enfants étaient tous tombés malades, couverts de grosses cloques pleines de pus. Et on les a guéris avec l'eau d'Ofaipapa. Alors je lui ai demandé qui était malade. Elle a levé sa robe au genou et j'ai vu qu'elle avait un énorme abcès sur sa jambe. Tu sais, un de ces gros bobos dégoûtants comme les plaies de corail mal soignées. J'ai vite détourné les yeux, j'avais la chair de poule.

— Qu'est-ce qu'elle a fait ?

— Rien, elle continuait à sourire. Alors je lui ai dit d'aller à la source si elle croyait vraiment que ça marcherait, mais qu'elle ferait quand même mieux d'aller voir un docteur.

— Toi, tu n'y crois pas.

— Je ne sais pas. En tout cas, elle m'a remerciée et, juste avant de monter dans la vallée, elle est revenue vers moi, elle m'a encore regardée avec son drôle de sourire et elle m'a dit : « Je te connais, toi. Tu as été choisie par les ancêtres. C'est toi qui vas rester ici. C'est toi la gardienne d'Ofaipapa. » J'ai frissonné de la tête aux pieds. Et puis elle a disparu.

— Et après ?

— Je ne l'ai jamais revue.

— Alors, c'était un esprit, dit Piho. Comment elle aurait pu savoir que c'est ce qui se passerait ?

J'étais bien obligée d'en convenir. C'est bien moi qui suis restée, et j'avais toujours su que je ne quitterais pas Ofaipapa comme mes sœurs. Ce jour-là, en présence de Piho, j'admis que, de nous quatre, j'étais la seule qui ait, d'une certaine façon, accepté définitivement ce qu'il y avait de polynésien dans notre héritage.

— Mais c'est incroyable, ton histoire, Tumata. Normalement les *popa'a* ne peuvent pas voir les *tupapa'u*. Remarque, c'est vrai que tu n'es qu'une demi-*popa'a*.

Elle se pencha pour me caresser la joue avec son air bon.

— Mon père lui-même disait qu'il avait vu un *tupapa'u*, une nuit : un grand cheval blanc. Pourtant, il était complètement *popa'a*, lui.

— Écoute, je vais te dire une chose…

Piho s'arrêta un instant, comme si elle en avait déjà trop dit.

— Des *tupapa'u*, il y en a plein par ici. Dans l'ancien temps, on disait que toute la vallée d'Ofaipapa était une terre sacrée, pleine de *marae*, de *fare tupapa'u*, alors il y a des ancêtres partout, des esprits qui se baladent et qui ne rigolent pas, c'est vrai. C'est comme ça que ton papa a pu acheter la terre pas cher du tout. Personne n'en voulait. Qui aurait acheté une terre hantée ? Tous les Tahitiens croyaient ça. Même Tehapai. Au début, elle ne voulait même pas venir faire la cuisine ici.

J'imaginai mon père explorant sa vallée, découvrant des *tiki* centenaires dans les plantations de *fe'i* abandonnées, parmi les orangers étouffés par les lianes, tout en haut, près de la source du ruisseau. Connaissait-il les rumeurs et les légendes ? Avait-il frissonné en devinant l'alignement des pierres d'un ancien *marae*, en posant sa main sur le crâne rugueux de la première statue entrevue parmi les fougères ?

— Alors, tu crois que ma mère aurait pu mourir à cause de ça ? Des *marae*, des *tupapa'u*, des *tiki* ?

— Mais non, ta mère n'est pas morte à cause d'un *pifao*, d'un sort, d'un tabou. Elle était malade, elle était devenue folle.

— Oui, mais comment ? Pourquoi ?

— Je ne sais pas trop, Tumata. Moi, j'ai quitté Ofaipapa peu de temps après notre retour de Panamá et je suis rentrée chez nous, à Raroia. J'avais envie de voir mes parents. Et puis, trois ans plus tard, je crois, j'ai reçu un télégramme de ton père : il me demandait de revenir pour m'occuper de vous trois – Hina, Nona et toi. Quand je suis partie, il n'y avait que Hina. Robbie et Ah You, ils n'avaient pas perdu de temps ! Bref, il partait faire un voyage dans le Pacifique – c'était pour la filariose, je crois – et il voulait que je m'occupe de vous. Je me suis dit que Philomène devait avoir besoin d'un coup de main, trois gosses à la fois, c'est du travail, et puis ça me faisait plaisir de la revoir. Mais tu connais, dans les îles il n'y a pas de bateau tous les jours, et quand je suis enfin arrivée ici, ton père était déjà parti et vous avait emmenées toutes les trois. Alors je suis rentrée chez nous.

— Et tu n'as pas vu ma mère ?

— Il n'y avait personne ici. Que le jardinier, et il n'était même pas là le jour où je suis passée. On m'a raconté qu'elle était malade. Enfermée avec les fous. Et qu'on ne pouvait pas la voir. D'un côté, ça me faisait peur. D'un autre, c'était un peu comme tout ce qu'on raconte. Radio Cocotier et tout ça. On ne sait jamais si c'est vrai. La goélette repartait deux jours plus tard, et je suis repartie avec.

— Mais les gens, qu'est-ce qu'ils racontaient ? Ça n'étonnait personne que mon père ait emmené les trois bébés en laissant leur maman ici ? Et à Vaiami, en plus ?

— Ton papa était un des hommes les plus respectés de Tahiti. Personne n'aurait eu l'idée de le critiquer. Les gens devaient se dire que si elle s'était retrouvée à Vaiami, c'est qu'il y avait une bonne raison. Les gens, qu'est-ce que tu veux, ils pensaient sûrement que ton père n'avait pas pu faire autrement. Et moi, je pensais la même chose.

Nous arrivions à une impasse. Ce n'était pas la peine de continuer. Mon père était intouchable et Piho lui devait tant… Je tentai de changer de sujet.

— Qui s'est occupé de nous, pendant ce voyage-là ?

— Poeura, et puis aussi Nina, dit Piho.

— D'après les photos, elles ont plus l'air de candidates au titre de Miss Tahiti que de nounous qualifiées. J'ai du mal à comprendre comment il a pu prendre le risque de s'embarquer, d'abord avec une femme enceinte, et ensuite avec trois bébés !

— À l'époque, tu sais, les femmes enceintes et les bébés prenaient le bateau comme tout le monde. Ici, dans les îles en tout cas, ça n'avait rien d'étonnant. Et puis il pensait peut-être que vous étiez plus en sécurité avec lui qu'avec Philomène.

— Comment peux-tu dire ça ?

— Écoute, de toute façon elle était malade, elle était à l'hôpital ! Bien sûr qu'elle vous aimait, qu'elle ne vous aurait jamais fait de mal. Mais qu'est-ce qu'il pouvait faire d'autre ? À qui aurait-il pu vous confier ? Il ne faut pas en vouloir à ton père, Tumata. Il a toujours fait pour le mieux. Il a toujours été si bon avec nous tous. Avec moi, avec Tehapai, avec ta mère.

Il y eut un silence un peu lourd. Piho se leva. Je savais qu'il était bientôt l'heure de son *truck*. En passant devant le portrait de Robbie, elle s'arrêta un instant.

— Il ne sera pas content, tu sais.

— Mais il est mort, Piho.

— Va savoir où il est. Et puis, fouiller dans sa vie… Pourquoi tu fais ça ? Après plus de trente ans ! À quoi bon ?

Là, il y a eu trop de silence.

— Pour ma mère, et pour moi. Je sais que j'ai raison.

Comme nous sortions, elle se retourna :

— Tu en as parlé à tes sœurs ? Elles sont d'accord ? Elles se rappellent quelque chose ?

Je décidai de ne répondre qu'à la dernière question :

— Hina ne voudra rien dire. Je la connais trop bien. Je l'ai interrogée une fois, il y a bien longtemps, et elle m'a répondu que le passé est le passé et qu'elle ne voyait pas l'intérêt d'y revenir. Nona dit qu'elle était trop petite et ne se souvient de rien. Rampa, bien sûr, n'était pas encore née.

Piho ne bougeait pas. Elle me regardait. Puis elle baissa les yeux et se remit à marcher :

— Écoute, je me souviens d'une chose. Hina avait rapporté un petit cadeau pour ta mère quand vous êtes revenus de Thaïlande. Demande-lui. Elle se rappellera peut-être.

— Hina ne m'a jamais parlé de ça.

— J'étais là, parce que Tehapai m'avait fait passer un message à la radio, juste avant votre retour. Elle me demandait de l'aider à faire le grand ménage. Et le lendemain de votre arrivée, j'ai trouvé Hina sur les marches, devant la maison, avec sa petite robe bleue, un joli paquet à la main. Elle attendait que ton père se réveille. Elle avait, allez, pas plus de cinq ans à l'époque.

Piho jeta un regard par-dessus son épaule vers la grande maison.

— Et alors ?

— Quand ton père s'est réveillé ce matin-là, il a été incapable d'avouer à Hina que sa maman était morte. Il a commencé par lui dire qu'elle était à l'hôpital. Hina faisait oui de la tête : *« Bon, d'accord, allons-y alors. Qu'est-ce qu'on attend ? »* Et moi je ne pouvais pas parler. Ce n'était pas à moi de lui dire la vérité.

Piho poussa un long soupir. Nous étions arrivées au portail. Wilson, qui avait fini sa journée, l'ouvrit et nous laissa passer avant de s'éloigner sur son vélo. J'ai encore demandé :

— Alors, qu'est-ce qu'il a fait ?

— Finalement, il l'a emmenée en voiture. Je la vois encore en train de grimper derrière en tenant son cadeau d'une main. Je ne sais pas où il l'a emmenée, je ne sais pas ce qu'il lui a dit. Mais plus tard, quand ils sont revenus, Hina a couru tout droit dans sa chambre.

Piho se détourna, sa voix brisée dérapait dans les aigus :

– Elle a pleuré, pleuré pendant des jours.

Mon cœur se serra. Cette fillette, ma grande sœur, surgie du passé avec son petit paquet à la main… Elle avait dû casser les pieds des nounous pendant des heures jusqu'à ce qu'elles l'accompagnent dans les ruelles de Bangkok pour aller acheter un souvenir de Thaïlande pour sa maman. Ensuite, elle avait dû le ranger soigneusement, vérifier tous les soirs qu'il était toujours là, dans le placard de la cabine, ou sous son oreiller peut-être. En veillant, surtout, à ne pas déchirer le beau papier à ramages ni défaire le joli ruban avec son nœud compliqué. Et le matin après notre arrivée, vite, mettre une robe propre, aller attendre Poppy pour qu'il l'emmène voir maman, qui prendrait le cadeau et la prendrait, elle, dans ses bras, avant même de l'ouvrir.

Comment annonce-t-on à une petite fille de cinq ans que sa maman est morte ? Comment mon père s'y était-il pris ? Était-ce si important ? Hina s'en souviendrait-elle ? Il fallait que je lui parle, que je lui demande. Que je console la petite fille avec sa robe bleue et son cadeau inutile.

Je traversai la route avec Piho qui reniflait bruyamment. La nuit était tombée. Nous avons attendu son *truck* en silence en nous tenant par le bras. Je l'ai aidée à grimper les trois marches abruptes. Le *truck* s'est éloigné dans un nuage de gasoil qui m'a prise à la gorge. Mais je n'ai pas bougé. La main de Piho, par la fenêtre ouverte, m'a fait signe longtemps.

## Tant de mondes à explorer

Hina parut surprise de mon appel.

— Mais pour toi, c'est la nuit ! Quelque chose ne va pas ?

— Non, tout va bien. J'avais juste envie d'entendre ta voix…

Il y eut un moment de silence embarrassé. Hina le rompit.

— Nona me dit que tu t'es lancée dans des recherches sur le passé ?

— Hier, Piho m'a raconté ses années à Ofaipapa.

Nouveau silence au bout de la ligne.

— Tu es toujours là ?

— Oui, oui.

Que faire ? Ignorer le mutisme de ma sœur et lui dire ce que Piho m'avait révélé, ou simplement lui poser la question qui m'obsédait ? Je me lançai.

— Le jour où on est revenues de Thaïlande avec Poppy, sur le *Varua*… Tu avais rapporté un cadeau de là-bas, pour notre mère.

— Qu'est-ce que c'est que cette histoire ?

L'étonnement de Hina ne semblait pas feint. J'insistai pourtant :

— Piho te revoit avec, à la main, le paquet que tu avais rapporté de Bangkok pour Philomène. Tu pensais aller la voir à l'hôpital et tu portais une robe bleue. Tu attendais que Poppy t'emmène, ce qu'il a fait, mais pour te dire qu'elle était morte. Tu te souviens de ça ?

— Non.

C'était un « non » d'une sécheresse sans appel.

— Tu es sûre ?

En moi, je pensai : « Elle ne veut pas se souvenir. Elle a tout enterré. » Elle me détrompa :

— J'avais cinq ans, Tumata. Il n'y a pas de mystère, pas de squelette dans le placard, pas de secrets honteux…

J'avais l'impression que sa voix était trop posée, qu'elle utilisait son sang-froid comme un bouclier. Nous avions toutes, à différents degrés, hérité cette pudeur de notre père. Ne rien laisser transparaître de ses sentiments, garder le contrôle. Comment aurions-nous pu nous confier les unes aux autres alors que notre père considérait comme déplacé de parler de soi ? Hina n'était pas prête à m'accompagner dans mon retour vers le passé.

— Tu me manques, Hina, dis-je, rompant le pacte tacite de réserve et de discrétion, submergée de pitié pour la petite fille en bleu avec son offrande à la main, et aussi pour la Parisienne coupée de ses racines.

— Toi aussi, tu me manques. Vivement cet été !

— On pourrait peut-être aller mettre des fleurs sur sa tombe…

— À quoi bon ? Sa tombe ne nous révélerait rien.

— Je le sais bien. C'est juste une façon d'essayer de sentir sa présence.

— Tu devrais aller voir un médium, alors ! dit-elle en rigolant.

Elle n'avait pas prononcé ces mots par dérision. C'était une façon de terminer la conversation sur une note légère, en sorte que nous puissions raccrocher en bons termes. Ce que nous avons fait, en nous promettant de nous rappeler plus souvent.

J'allai de long en large dans la grande maison. J'arpentais le pont de ce navire immobile, cette maison fantasque, de tous côtés ouverte aux alizés, qu'il arrive aux oiseaux de traverser d'un coup d'ailes. Des baies délimitent le salon et le bureau de mon père au nord, la grande chambre et la salle de bains au sud, laissant au centre assez d'espace pour une grande table installée face au lagon. C'est la dernière des maisons du district construite de façon traditionnelle, un vrai *fare* massif posé au milieu d'une vaste pelouse parsemée de toutes les essences tropicales imaginables et de toutes ces fleurs qui appartiennent à la légende de l'île : bougainvillées, ilang-ilang, frangipanier, *tiare Tahiti*, hibiscus...

La cuisine, comme dans beaucoup de maisons polynésiennes, est à part, à l'arrière, au bout d'une courte allée, couverte d'un toit de palmes et flanquée de bassins ornés de nénuphars et d'iris, repaire des carpes et des guppies, ces tout petits poissons d'eau douce qui mangent les larves des moustiques. De chaque côté de la cuisine, deux *fare* indépendants, en L, chacun avec sa salle de bains.

J'ai continué à habiter ici avec Kahi et mon père, jusqu'à sa mort, le 16 janvier 1988. C'est la maison qu'il a construite avec Florence, restaurée avec Sally, et dont Philomène a été la maîtresse. Je la sens vibrer de toutes ces présences.

Mes pas m'ont ramenée dans mon atelier, où les souvenirs de Poppy s'étalaient en désordre sur le bureau. Il était trop tôt pour réveiller mon petit garçon. Je replongeai dans ces papiers où, morceau par morceau, comme dans le puzzle d'un miroir brisé, je tâchai de retrouver l'image de ma mère.

J'avais marché dans les pas de Sally et commencé à remonter en sens inverse le cours de la destinée de ma mère. Pour continuer à lever le voile, pour poursuivre ma *palingénésie,* comme disent joliment les scientifiques, je devais maintenant revenir aux sources, aux origines de la carrière de son aventurier de mari. Je m'arrêtai devant une photo de lui adolescent, torse nu, brandissant la pagaie d'un canoë sur l'un des Grands Lacs américains.

— Pourquoi ne nous racontais-tu jamais rien ? lui demandai-je.

« Tant de choses à vivre, semblait-il répondre. Tant de mondes à explorer. »

Je songeai à la fin du poème de Baudelaire :

*« Appareillons !*
*Si le ciel et la mer sont noirs comme de l'encre*
*Nos cœurs que tu connais sont remplis de rayons !*
*Verse-nous ton poison pour qu'il nous réconforte !*
*Nous voulons, tant ce feu nous brûle le cerveau,*
*Plonger au fond du gouffre, Enfer ou Ciel, qu'importe ?*
*Au fond de l'Inconnu pour trouver du nouveau ! »*

La manchette d'un journal, 1933. *« Le navigateur William A. Robinson épouse Florence Crane, la fille du milliardaire Richard Teller Crane Jr ».* Les Crane avaient fait fortune dans l'équipement de chemin de fer, les bouches d'incendie et les appareils de plomberie. Richard avait acheté pour sa femme, Florence Higinbotham, une propriété immense dans Ipswich. Il y avait construit des jardins magnifiques, une piscine d'eau de mer, des appartements pour ses amis, une grande salle de danse. Mais Florence n'aimait pas du tout l'architecture de la maison. Richard lui donna dix ans pour s'habituer à l'endroit et lui promit que si elle persistait dans son aversion, il la détruirait et lui construirait la maison de ses rêves. Et c'est ce qu'il a fait : la villa démolie avait fait place à une maison pourvue de cinquante-neuf chambres, avec une grande allée conduisant au bord de mer et qui a servi de décor à des scènes de films comme *Les Sorcières d'Eastwick* et *Wolf*.

La gloire, et maintenant la fortune. Tout réussissait à Robbie. Par quelle grâce ? La mariée était splendide, posant sur une volée d'escalier, sa traîne brodée cascadant jusqu'au bas des marches, une traîne qui, paraît-il, avait appartenu à l'impératrice Élisabeth d'Autriche, Sissi en personne. Mme Crane, la belle-mère, chassant les photographes de son gant de dentelle tout en morigénant sa fille à mi-voix : *« Quoi qu'il en soit, je tiens à ce que toi et cet imposteur ayez un mariage religieux respectable ! »*

J'entendais – je le jure ! – Florence lui répondre : *« Ce n'est pas un imposteur, Maman, c'est un aventurier. Il n'y a pas plus romantique que lui. La seule chose que tu lui reproches, c'est de ne pas être né à Boston dans une famille d'aristocrates aussi vieux jeu que toi. — En tout cas,* rétorqua la marâtre, *je trouve de très mauvais goût que vous ayez fait votre lune de miel avant le mariage, et sans nous prévenir ! »*

Mon père et Florence s'étaient en effet mariés en douce et leur lune de miel clandestine avait fâché tout rouge Mme Crane qui les avait obligés à un mariage officiel auquel mon père ne tenait pas du tout. *« C'était précisément pour échapper à toute cette agitation mondaine, Maman chérie… »* Et Florence souriait aux photographes éconduits que le majordome poussait vers la porte.

Florence et mon père se marièrent donc religieusement le 18 février 1933 en présence de plus d'une centaine d'invités. Le père de Florence était mort depuis deux ans et ce fut Cornelius, le frère de Florence, qui le remplaça aux bras de la mariée.

Dans ma tête, le dialogue avec la mère virait au comique grinçant : « *Je ne vois vraiment pas ce que tu trouves à ce garçon ! — Oh, ce que tu peux être ennuyeuse ! Trouve m'en un autre qui, à son âge, ait fait le tour du monde, écrit un best-seller et qui en plus soit aussi bien bâti et possède autant de charme. N'importe quelle fille sensée, en âge de se marier, lui sauterait dessus. De plus, au lit, il est divin. — Florence !* s'étranglait Mme Crane. *— Maman ! Je t'interdis de t'évanouir ! Il ne m'a pas enlevée, comme tu dis, à cause de vous, mais par souci de décence. Si nous ne nous étions pas rapidement mariés civilement pour pouvoir prendre une suite au* Drake *en toute légalité, nous nous serions sans doute retrouvés tout nus sur un banc public... — Florence ! — Maman chérie, puis-je enfin quitter cette robe de carnaval ?* »

Au passage, une anecdote... délectable : le gâteau des noces avait servi au mariage des parents de Florence en 1904. Il était donc vieux de vingt-huit ans. Le *Times Magazine* expliqua ce mystère : « *C'était la partie du bas du gâteau qui était toujours humide grâce aux vins précieux de l'époque. Ayant été scellé dans une grande boîte métallique pendant toutes ces années, ce gâteau était toujours dans un état remarquable.* »

À mi-page du dossier du *Herald Tribune* sur le « mariage du siècle », une photo de Florence assise sur le pont du *Svaap* échoué au milieu d'arbres géants dans la jungle du golfe de Darien, avec ce commentaire : « *La jeune Mme Robinson, en pleine lune de miel, médite sur les problèmes de navigation de son mari.* »

Par-delà les années, j'entendais leurs voix insouciantes. « *Mais qu'allons-nous faire, Robbie ? Attendre que la rivière revienne dans son lit ? — Tu as une autre idée ? — Tu penses qu'elle remontera jusqu'ici ? — À la prochaine saison des pluies, j'espère...* »

Leur lune de miel officielle subit une seconde interruption avec la péritonite de Robbie qui, elle aussi, fit les manchettes des journaux. Le destroyer *Hale* envoyé d'urgence aux Galápagos : « *Robinson entre la vie et la mort, l'épouse du navigateur est à ses côtés...* » Par chance, un thonier américain passait par là, ce qui leur permit d'empaqueter le ventre de mon père avec de la glace en attendant les secours de l'US Navy, tandis que Florence lançait des appels vers Panamá avec la radiotélégraphie du bord.

« *Il était évident,* écrit mon père*, que les choses étaient extrêmement graves. Je ne savais pas qu'il fût possible de souffrir à ce point tout en gardant pleine conscience et contrôle de soi. Ce dernier point était devenu une lutte permanente, je m'accrochais désespérément pour ne pas perdre la raison, comme un homme passé par-dessus bord, la nuit, s'accrocherait à un filin tandis que le bateau s'éloigne, et sentirait ses mains glisser, pouce par pouce, en se demandant quand viendrait le bout de l'amarre.* »

Au lever du soleil, le lendemain, la réponse arriva de l'amiral Crosley, commandant de la flotte basée à Panamá : « *Demandons Washington autorisation envoyer avions aux Galápagos.* » C'était la première fois que des avions – des hydravions, en fait – allaient jusque-là. Il fut transféré à bord du *Hale* et opéré le jour même. Les journaux et les radios annoncèrent la nouvelle comme s'il avait été un héros national. Ce qu'il était un peu. L'histoire montre en tout cas que les Crane avaient de l'influence : je doute fort qu'on eût monté une opération de secours de cette envergure s'il s'était agi d'un Robinson anonyme coincé sur une quelconque île déserte.

Mais c'était une histoire incroyable et merveilleuse, et mon père en avait bien conscience : *« Quand la dette que l'on a est celle de sa propre vie, il devient futile de parler d'appréciation, de gratitude ou de reconnaissance éternelle. Les mots ne sont plus que des coquilles vides, et ne signifient plus rien. »* Ils y perdirent le *Svaap*, qu'il fallut laisser aux Galápagos, où il fut confisqué par les Équatoriens qui le firent échouer sur un récif peu après. Comme j'aurais aimé entendre cette histoire quand j'étais enfant ! De combien d'ivresses romanesques mon père m'a-t-il privée ! Il me semblait parfois que ce receleur portait en lui toutes les contradictions du monde : considéré comme un homme riche par ses amis, entretenant un bateau fastueux, plus tard un morceau d'île, s'entourant de personnel, alternant fêtes et voyages retentissants mais, dans le même temps, vivant chichement et de manière spartiate à Ofaipapa où il se montrait distant tout en recevant des monstres du cinéma comme Marlon Brando, tutoyant des Ford, des James Michener, des Charles Lindbergh. Plus que discret sur ses relations avec l'administration américaine mais toujours en contact avec elle, décoré de la légion d'honneur française alors qu'il était citoyen US et membre du clan fermé des grands médaillés américains… Et que dire de son enterrement ? Des hommes politiques de tous bords et des représentants de l'État s'étaient déplacés à Ofaipapa pour l'occasion. Je me demandais s'il n'avait pas servi les intérêts du monde libre entre 1935 et 1945 dans le

Pacifique sud avant de nous enfermer derrière des murs, peut-être pour éviter de voir surgir des indiscrets et protéger sa vie privée… ou politique. Ultime paradoxe : tout en instaurant une distance toute bostonienne avec les insulaires, mon père a investi une partie de sa fortune pour sauver leur vie dans le cadre de la recherche sur la filariose… et passé son temps à courir les femmes !

Je détachai avec précaution un paquet de grands clichés que l'humidité avait collés, d'où j'extrayai une photo de Florence en *pareu,* un hibiscus accroché aux cheveux, au côté de Robbie, à peine la quarantaine, tous deux trônant dans des fauteuils de rotin de pur style colonial, elle avec un regard où perce un peu d'ironie, voire un certain ennui. Il ne m'était pas difficile d'imaginer leur conversation. « *Alors, Robbie, heureux ? — Mais oui. Pas toi ? — Tu rumines quelque chose… Mais quoi ? Ce n'est pas la vie, ici, mais je sais bien que tu adores Tahiti. Ce n'est pas moi qui te gêne, j'espère ? Nous sommes heureux ensemble, n'est-ce pas ? — Oui, ma chérie. — Alors, il y a autre chose… Par pitié, sors un peu de ton silence ! — Je pensais à la mer, simplement. Au* Svaap. *À un autre yacht, peut-être. Je crois que j'aimerais construire des yachts. — Pas ici, quand même ? — Non. Chez nous, dans l'est. Du côté de Gloucester, par exemple. Tu aimerais bien rentrer, n'est-ce pas, chérie ? — Demain, si tu veux !* »

Je les imaginai ensuite dans la résidence des Crane, Castle Hill, un château de cinquante pièces au milieu d'un parc de huit cents hectares. Ambiance d'après-dîner, smokings, liqueurs. Un grand feu dans la cheminée au-dessus de laquelle trônait le portrait du vieux milliardaire, l'ancêtre, décédé depuis quelques années. Son petit-fils Cornelius, avec qui Robbie s'était lié d'amitié pendant son tour du monde, un cigare à la main sans doute. Quelques oncles et cousins de la bonne société. Mme Crane et Florence en robes longues. Et Florence parlant : « *Robbie en sait plus sur les yachts que personne. De plus, Ipswich est l'endroit idéal, on y construit des bateaux depuis des générations, et on y trouve les meilleurs ouvriers du pays. Et il a déjà un nom dans ce domaine.* »

Cornelius, tout à fait d'accord avec sa sœur : « *C'est une idée fantastique ! Florence a raison. S'il y a une chose que connaît Robbie, c'est bien la mer et les bateaux.* »

Les *bateaux*... Robbie, les yeux perdus dans les flammes, les mains enfoncées dans ses poches, droit comme un mât. Et la vieille Mme Crane le contemplant d'un œil vaguement inquiet. « *Alors, c'est entendu,* disait le fondé de pouvoir invité pour la circonstance. *Robbie, passez me voir au siège demain matin ; nous allons tâcher de vous lancer dans la construction navale...* »

Le chantier de mon père fut-il une association ou un cadeau des Crane ? Je ne l'ai jamais vraiment su. Mon père n'aurait jamais pu avancer, seul, les fonds pour un tel investissement, malgré l'argent gagné avec son livre. Je me demande dans quelle mesure, en se laissant aider, il n'a pas eu le sentiment de vendre son âme à son beau-frère Cornelius.

Quoi qu'il en soit, le chantier naval fonctionnait au bout de six mois et reçut tout de suite de nombreuses commandes. Tout en travaillant pour les autres, Robbie trouva le temps de dessiner les plans d'un brick qu'il allait construire pour lui-même et qui deviendrait le *Varua*. Il avait en effet, quelque temps après l'ouverture du chantier, monté une expédition pour aller acheter en Indonésie une de ces goélettes d'autrefois qu'il avait

William Albert Robinson, dit « Robbie », et la maquette du *Swift*, voilier qu'il a conçu et construit lui-même.

New York, 1931. Arrivée triomphale de William Robinson après son tour du monde à la voile.

William Robinson es arrivé à Tahiti le 6 janvie 1929, après un lon périple dans les me du Sud. Ici, à bord d *Svaap*, lors de son tou du monde à la voile.

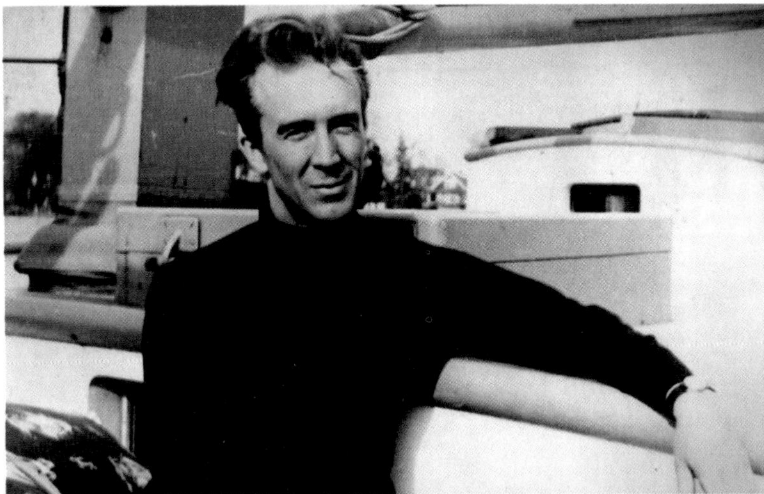

À bord du *Svaap*.

William Robinson s'est installé définitivement à Tahiti. Outre sa passion pour la voile, il deviendra un personnage célèbre et respecté à Papeete et contribuera au développement sanitaire et médical de l'île. Ici, dans une île du Pacifique sud, avec les autochtones.

William Robinson, à la fin de la Seconde Guerre mondiale, le jour où il reçoit le E Naval Award, prix prestigieux attribué par l'US Navy.

Ah You (ou Philomène), la mère de l'auteur, à l'époque de sa rencontre avec Robbie.

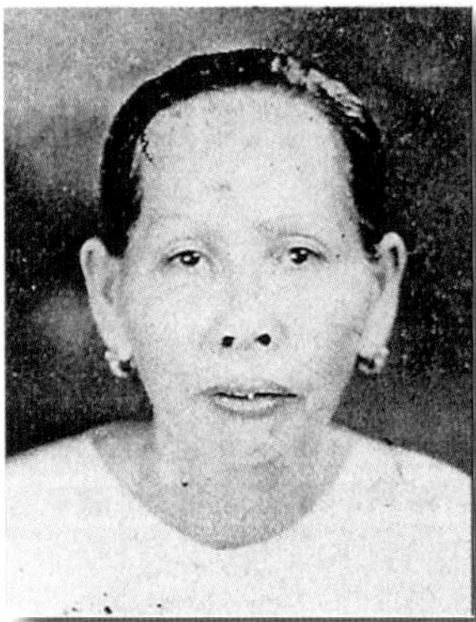

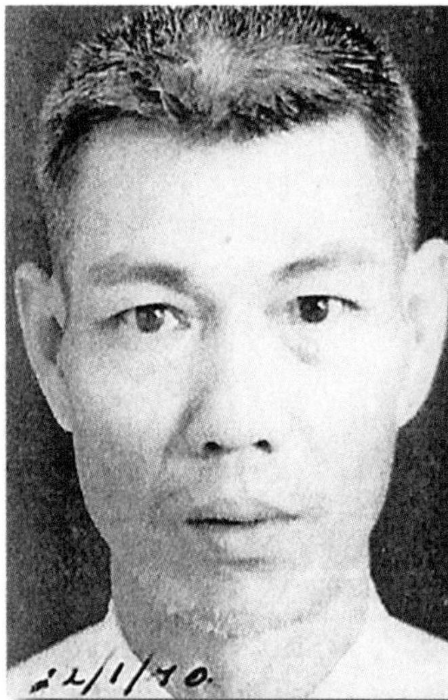

Les parents de Philomène (en haut), des Chinois arrivés à Tahiti au début du XX^e siècle. Une partie de la famille (en bas), dans les années 50. Philomène vit alors à Ofaipapa.

Philomène, la mère de Tumata, au temps du bonheur.

William Howard Robinson et Ella Huegin, les parents de William Robinson, originaires du Wisconsin, aux États-Unis. Ils divorceront alors que Robbie était enfant (avec sa mère, en bas à gauche).

Florence Crane, la première épouse de Robbie, est issue de la grande bourgeoisie bostonienne. Sally White, sa deuxième épouse, était une artiste. May Wong, la troisième épouse, s'est occupée des enfants après la disparition de Philomène.

Florence Crane, portrait d'une jeune fille de bonne famille. Son mariage avec Robbie fit scandale. Rebelle, Florence était subjuguée par cet aventurier charismatique.

Ofaipapa, la maison qu'a fait construire Robbie en bord de mer à Tahiti et où il passera toute sa vie. Tumata, sa fille, y réside aujourd'hui.

Robbie, dans son bureau à Ofaipapa.

Les années heureuses : Philomène, à Ofaipapa avec Hina, l'aînée. Promenade en bateau.

Philomène n'est plus là. Robbie élève ses trois filles, qui grandissent à Ofaipapa. À gauche, Tumata

Nona, Hina et Tumata (à droite), les trois filles de Robbie et de Philomène.

Hina, Tumata et Nona, initiées très tôt à la danse traditionnelle Ori Tahiti.

May, la troisième épouse de Robbie, avec Tumata et ses deux sœurs.

Robbie, May et les trois filles de Philomène. Tumata est à gauche de son père.

Robbie et ses quatre filles. Rampa est née de son union avec May
(dans les bras de Hina, sa demi-sœur).

Tumata Robinson

Tumata et son fils Kahi

La prestigieuse troupe de ballet Tahiti Ora qu'a fondée Tumata Robinson, et qu'elle dirige aujourd'hui.

croisées durant son tour du monde. Son *« navire de rêve »,* comme il disait. C'est à Ceylan, finalement, qu'il trouva l'*Annapooranyamal* : une très grande goélette fabriquée par les Cinghalais sur un modèle anglais du début du XIXe siècle. Il la rapporta, avec à son bord un équipage d'autochtones en sarong, entrant dans le port de New York toutes voiles dehors sous un grand pavois de cerfs-volants musicaux, ce qui ne manqua pas de faire la une des journaux. Il l'avait rebaptisée le *Florence C. Robinson*, mais Florence n'était pas du voyage. Par rapport au navire cinghalais, le *Varua* était plus petit d'un tiers, mais bâti sur les mêmes plans. Mon père avait embauché un jeune capitaine, Sterling Walters, pour conduire, en 1938, le *Florence C. Robinson* à Tahiti. Ce jeune capitaine prendrait plus tard le pseudonyme de Sterling Hayden et deviendrait un acteur célèbre à Hollywood en jouant dans *The Asphalt Jungle*, *The Killing*, *Johnny Guitar* et *Dr Strangelove*. Les adieux de la goélette de Gloucester furent mouvementés : les autorités remarquèrent qu'il n'y avait pas d'ingénieur à bord capable de faire fonctionner le moteur Diesel. L'hélice fut enlevée en toute hâte et les tanks de gasoil utilisés comme lest. Un groupement de gens excités et bruyants se groupèrent pour voir le navire remorqué jusqu'au large où le nouvel équipage, peu expérimenté, eut peine à déployer les voiles. Dans la panique générale, le mauvais temps et la mer grosse, trois reporters furent « oubliés » à bord. Mon père, venu à leur rescousse dans un bateau à moteur, leur cria : *« Sautez ou bien continuez jusqu'en Jamaïque ! »* Les trois journalistes sautèrent et atterrirent dans la petite embarcation sains et saufs mais couverts de bleus. Le *Florence C. Robinson* serait plus tard vendu à M. Grand, un armateur tahitien, et fera une longue carrière dans les Tuamotu jusqu'en 1957, avant de mourir sur le récif de Papeete.

À peine installé, mon père rêvait donc déjà de nouvelles traversées. Les soirées avec Florence, à la maison, je les imagine silencieuses. L'observait-elle à la dérobée, ne sachant comment s'accommoder de cette hantise qu'était pour lui la mer ? Savait-elle déjà qu'un jour il repartirait, sans elle ? Mais un beau matin, elle se découvrit enceinte. Comment réagit-il à cette nouvelle ?

Je trouvai d'autres photos. Celles d'un très beau bébé, Christopher Robinson, né le 28 mars 1938. Des photos mais qu'aucune lettre, aucun journal de bord, aucune note n'évoquait. Seule une douzaine de clichés attestait son existence. Je me souviens de mon bonheur et de ma jubilation lorsque j'avais appris que j'avais un frère aîné. Je devais avoir quinze ans, et j'avais toujours rêvé d'avoir un grand frère, comme compagnon de jeux mais aussi comme confident et guide dans le monde des grands. Je me souviens aussi de ma tristesse et de mon chagrin en apprenant qu'il était né avec un handicap mental. J'aurais voulu sauter dans le premier avion pour m'occuper de lui. Handicapé ou non, c'était mon frère et j'étais prête à l'aimer. Mais, bien sûr, il ne fut pas question que je parte pour les États-Unis. Alors je remisai ma déception au fond de mon cœur, où j'avais déjà rangé les images de ma mère.

Florence et mon père semblent s'être aimés vraiment : les photos que j'ai d'eux, les nombreux projets et les longs voyages qu'ils ont faits ensemble en témoignent. Aux Galápagos, elle lui avait pratiquement sauvé la vie à l'époque de sa péritonite ; à Tahiti, elle l'avait aidé à construire la maison ; et qu'il ait donné son prénom au *« navire de rêve »* n'était pas indifférent. À un moment, ils avaient même envisagé de faire ensemble une expédition dans l'Antarctique. Je me suis longtemps demandé pourquoi ils se sont séparés. Il y a une photo de presse, pourtant, au retour d'un voyage en Europe, où Florence est enceinte et où ni l'un ni l'autre n'ont l'air de parents attendant un heureux événement. Est-ce cet enfant à venir qui déjà pesait sur leur idylle ? Et plus tard, le poids supplémentaire de son handicap qui aurait coulé le beau navire de leur amour ? Je ne le crois pas : Florence avait déjà dû rencontrer son prince russe, Serge Belosselsky Belozersky, un héros et vétéran de la Première Guerre mondiale, avec lequel elle se remaria deux mois après son divorce d'avec mon père. Belosselsky avait fui la révolution bolchevique et s'était installé en Europe, puis à New York. De leur union naquirent deux filles : Tatiana et Marina. Florence mourut à New York le 21 octobre 1969, à soixante ans.

Bien qu'il fût un peu tôt, l'envie me prit soudain d'appeler Kenneth, comme me l'avait suggéré Bertrand. Kenneth est le cousin de mon père, le fils de sa tante Gretchen. Les quelques fois où nous étions allés à Honolulu à bord du *Varua,* il était venu nous voir. Il habite Hawaï depuis 1941. Il y avait une éternité que je n'avais pas revu Oncle Kenneth.

Je décrochai le combiné.

— C'est Tumata…

— Qui ça ?

Il y eut un silence prolongé, puis une voix de femme, proche et claire :

— Tumata ! Quelle surprise ! Comment va ?

— Bien, Jeannette. J'espère que je ne vous dérange pas.

— Pas du tout, Tumata.

— Vous n'êtes pas en train de petit-déjeuner ?

— Oh, tu sais, Tumata, les vieux comme nous sont des lève-tôt !

— Donc, je ne vous dérange pas ?

— Pas du tout ! Qu'est-ce qui nous vaut cette bonne surprise ?

— Tu ne vas pas me croire mais je me suis lancée dans des recherches sur la famille, et j'aurais besoin que mon oncle me donne un coup de main, si je peux te l'emprunter un moment…

— Bien sûr, ma chérie. Il est un peu dur d'oreille, alors parle un peu plus fort, et surtout, articule ! Je t'embrasse.

Il y eut un petit moment de silence puis la voix de Jeannette au loin expliquant rapidement à Kenneth le but de mon appel.

— Tumata… (La voix d'Oncle Kenneth chevrotait un peu.)… qu'est-ce que je peux faire pour toi ?

— Voilà… Tu es le seul survivant de la famille de mon père, et tu l'as bien connu…

— Hmm ?

— Depuis quelque temps, je me pose des questions sur lui, sur nous, sur ma mère aussi, que je n'ai pas connue, ou si peu. Je voudrais savoir pourquoi…

— Pourquoi ton père ne disait jamais rien ?

— Oui, c'est ça.

— Je ne crois pas que personne ait jamais vraiment connu Robbie, et sa propre famille encore moins.

Il se racla la gorge. À quoi Oncle Kenneth ressemblait-il après toutes ces années ? Il devait avoir quatre-vingts ans bien sonnés.

— Nous manquions de recul, sans doute, dis-je en riant.

Il évoqua quelques souvenirs de leur enfance commune : Robbie avait toujours voulu faire le tour du monde à la voile, toute la famille avait cherché à l'en dissuader, et finalement il leur avait montré qu'ils s'étaient tous trompés. Tous d'ailleurs avaient été fiers qu'il devienne un écrivain à succès, mais personne n'avait compris comment sa célébrité de marin avait pu le hisser au-dessus de sa condition et lui donner accès au milieu richissime et très fermé où évoluaient les Crane. Kenneth se souvenait de leur surprise à tous en apprenant son mariage avec Florence, et aussi qu'ils n'avaient guère été étonnés en apprenant leur divorce.

— Vers quelle époque leur mariage a-t-il commencé à se défaire ?

— Ton père ne nous faisait pas de confidences sur sa vie privée, Tumata. Et on ne peut pas dire qu'on se soit beaucoup fréquentés quand il était avec Florence.

— Tu veux dire qu'il ne vous a jamais invités quand il vivait chez les Crane ?

— Tu veux rire ! Je pense qu'il devait avoir un peu honte de nous.

Honte ? Ou peut-être un sentiment de culpabilité envers sa famille restée au bas de l'échelle sociale quand lui-même se gobergeait dans la haute société de la côte est, préférai-je penser. De toute façon, les uns comme les autres n'auraient pas eu grand-chose à se dire et lui, Robbie, n'aurait guère facilité le dialogue.

— Alors c'est peut-être pour ça qu'ils se sont mariés clandestinement d'abord ?

— On peut voir les choses comme ça. Mais n'oublie pas que la reine mère n'a jamais fait mystère de sa désapprobation. C'était sans doute le meilleur moyen de lui forcer la main.

— Alors, leur mariage était fichu d'avance ?

— Je l'ignore. Tout ce dont je me souviens, c'est qu'il a quitté la résidence des Crane et s'est installé dans le chantier naval d'Ipswich seul, quand Christopher avait environ un an. Ce qui nous amène à 1939, si ma mémoire est bonne.

— Ce qui voudrait dire qu'il n'aimait pas son fils ?

— Ou qu'il préférait échapper aux mondanités et être tout entier à son travail. Il s'ennuyait à mourir dans les cocktails et les dîners en ville. Et dès le début, le chantier a été submergé de commandes. Robbie avait eu une idée de génie, avec ses modèles réduits des fameux *Yankee Klippers*. Le succès a été instantané. Après Pearl Harbor, ils travaillaient vingt-quatre heures sur vingt-quatre pour la Navy. Mais je suis sûr qu'il aimait son fils.

Sur un ton plus doux, il ajouta :

— Je sais qu'il vous adorait, toutes les quatre.

— Bien sûr, mais nous n'avions pas de handicap. On dirait qu'il n'aimait pas trop les gens à problèmes, lâchai-je avec une amertume qui me surprit autant que Kenneth.

— Tu ne peux pas dire ça, Tumata ! Rappelle-toi tout le temps, le travail et l'argent qu'il a consacrés à la recherche sur la filariose. Je ne crois pas qu'il refusait de voir la souffrance des gens.

« Sans doute, pensai-je. Mais à condition que cela implique un travail d'envergure, abstrait ou concret, qui lui occupât entièrement l'esprit ou les mains. » Rien à voir avec la patience nécessaire pour supporter le quotidien avec une personne diminuée. J'en savais quelque chose pour m'être occupée de lui âgé, paralysé, malade, pendant la douzaine d'années qui avait précédé sa mort. Peut-être son combat contre la filariose avait-il été pour lui une façon de se dédouaner de ses diverses lâchetés : il tenait ainsi la souffrance humaine à distance tout en contribuant à y remédier avec ses moyens à lui, qui étaient devenus considérables.

— De quoi Christophe souffrait-il exactement ? Encéphalite ?

— Je ne saurais te le dire. Il est né avec un handicap mental. Ton père ne vous en a jamais parlé ?

— Si, j'avais environ quinze ans. Il y avait été obligé.

— Comment cela ?

— Il se faisait vieux et savait qu'il n'était pas éternel. Il a bien fallu qu'il nous mette au courant d'une ou deux choses. Par exemple, qu'un jour il se pourrait que nous héritions de l'argent qui avait été placé pour les soins de Christopher. C'est comme ça que nous avons appris l'existence de notre frère. Il avait été confié à une institution pour handicapés mentaux et à sa mort, qui aurait lieu, selon lui, après la sienne, il nous faudrait prendre contact avec un notaire du Massachusetts qui nous indiquerait les démarches à faire pour l'héritage.

— J'imagine le choc, pour vous toutes !

— Oui, mais ce qui m'intéressait, plus que l'argent, c'était d'en savoir plus sur mon frère. J'ai même demandé à Poppy si un jour on irait le voir.

— Et alors ?

— Il m'a répondu que ça ne servirait à rien, parce que Christopher ne comprendrait pas qui nous étions, et que ça le perturberait inutilement.

Ma gorge se noua. Je ravalai mes larmes. Pourquoi ces choses que j'avais acceptées étant jeune avaient-elles de plus en plus de mal à passer aujourd'hui ?

Au reste, Poppy s'était trompé : Christopher est mort avant lui, il y a quelques années, bien qu'après une série d'attaques cardiaques, mon père n'ait peut-être pas vraiment été conscient de ce décès. Je soupirai en pensant à cet argent qui nous était tombé du ciel grâce à la mort d'un frère que nous n'avions jamais vu.

— En tout cas, reprit Kenneth, son argent, il avait travaillé dur pour le gagner, crois-moi. Je me souviens bien du chantier à Ipswich. Travailler là-dedans, pendant la guerre, c'était quasiment l'enfer…

Mon oncle me décrivit les petits matins venteux, gris et glacés du Massachusetts, les gardes qui saluaient au portail, le vacarme qui montait de l'immense cour. Le chantier appartenait aux Crane. Le bureau de Poppy était à l'étage d'un des hangars couverts de tôle et dominait les ateliers, les cales, les coques de la trentaine de bateaux en chantier, les barges de débarquement, les remorqueurs, les dragueurs de mines, les chasseurs de sous-marins…

— En été, ces hangars, c'était la fournaise. Et en hiver, on s'y gelait au point que les dessinateurs devaient porter des gants. Imagine ça, dessiner avec des gants, et la buée qui te sort de la bouche et fait écran à ton travail !

Je souris. Je les voyais bien, tous ces charpentiers, calfateurs, métalliers, soudeurs, monteurs, mécaniciens dont les pères et les grands-pères avaient construit depuis des générations des navires sur cette côte battue par la houle et les vents de l'Atlantique.

— Ce qu'il ne faut pas oublier non plus, c'est que les Crane sont restés incroyablement loyaux envers ton père, même après le divorce. Ils devaient avoir leurs raisons, bien que le divorce avec Florence les ait gênés. Ils ont investi des milliers de dollars dans l'Institut de recherche sur la filariose que Robbie a fondé à la fin des années 40. Et je crois bien qu'ils ont continué à en financer une bonne partie jusqu'aux années 60.

— Il avait dû leur faire gagner beaucoup d'argent. Il savait construire les bateaux. Et son combat contre la filariose a été quelque chose d'admirable, en plus d'un bel exemple de réinvestissement.

— À propos de bateaux, Tumata, lorsque ton père s'est débarrassé du *Varua*, j'ai récupéré un paquet de journaux de bord et de photos qu'il avait laissés dans l'armoire du carré. Après sa première attaque, ton père s'était rendu compte qu'il ne pourrait plus jamais naviguer. Un groupe de scientifiques américains de passage à Tahiti a vu le brick amarré dans le port et s'est enquis de son propriétaire. Ton père leur en a fait cadeau, je me souviens de ce détail, pour un dollar symbolique. Ils m'ont contacté à leur retour ici, parce qu'ils avaient trouvé mon adresse au milieu des papiers du bord. Je suis passé saluer le *Varua* et récupérer tout ça. Veux-tu que je t'envoie le paquet ?

— S'il te plaît.

Après avoir raccroché, et avant d'aller réveiller Kahi, je rangeai papiers et documents dans leur carton. Quelques feuillets tombèrent d'un cahier à la reliure effilochée, des pages fripées, tachées de moisissure, écrites de la main de mon père.

« *J'ai vu grandir* Varua, *appris à mes hommes à courber les membrures d'acier composite, à mouler le métal, à le recouvrir de son bordé de bois. Il fallut une année pour le construire, sans le finir d'ailleurs, car il fallait faire face à la guerre. On le mit à l'abri entre les berges de la rivière Connecticut en attendant et, du jour au lendemain, je me retrouvai avec vingt à trente navires en chantier à la fois et six cents hommes qui travaillaient vingt-quatre heures par jour. Chasseurs de sous-marins, dragueurs de mines, barges de débarquement, etc., mais j'étais encore dans mon élément. Les tentatives que j'avais faites pour m'installer finirent par sombrer, ainsi que mon premier mariage, qui se termina par un divorce sans histoires, coulé sous le poids d'une certitude : la voile et les océans sont plus importants pour moi que tout au monde. »*

Nous y étions. Ce schéma, à l'évidence, avait déterminé sa vie dès le début : il s'installait quelque temps quelque part, puis levait l'ancre sans se retourner. Il avait navigué avec Sally après sa rupture avec Florence, et quitté Sally pour traverser les océans avec Philomène. Il me paraissait presque certain qu'il avait aussi quitté Philomène pour une autre aventure.

Quelle place tenait vraiment ma mère, quelle place était la mienne, la nôtre, dans cette invraisemblable série d'abandon ?

## « To the Great Southern Sea »

Je réveillai Kahi d'un baiser sur la joue. J'avais le cœur lourd et je songeais en contemplant le visage ensommeillé de mon enfant, que la terre battue de mes gênes dispersés avait aussi engendré cette pousse, ce bourgeon, ce jeune fruit dont la même sève coulait dans les veines.

Passa la matinée, passèrent l'école, les menus plaisirs et les servitudes du jour, et le soir nous trouva, Kahi et moi, attablés devant le lagon. À ma surprise, mon fils me bombarda de questions. Pourquoi Piho était-elle venue ? Que m'avait-elle raconté ? Du haut de ses dix ans, il avait senti que sa mère s'était embarquée dans un drôle de navire. Alors je lui parlai de ma mère, sa grand-mère, évoquai sa jeunesse, son innocence, son manque d'éducation, son charme, mais aussi sa force et sa volonté. Je lui dis que la vie de Philomène était devenue un conte de fées après sa rencontre avec Robbie, mais que le voyage en carrosse s'était fait sur un océan sans soleil et sans pitié.

J'évoquai la figure surhumaine de mon père courbé sur la roue du gouvernail dans les rafales de neige, les sourcils incrustés de givre, des panaches de vapeur s'échappant de ses narines, les yeux brûlés par le sel et le gel, le menton toujours en avant ; et le tourmentin tendu à se rompre, l'iceberg qui surgit au dernier moment dans des écharpes de brume que le vent déchire – ils avaient essuyé trois tempêtes, dont une qui avait duré deux jours et deux nuits, avec des vagues de douze à quinze mètres de haut ; lui, Tino et Zizi obligés de s'encorder sur le pont pour ne pas être emportés au diable.

Kahi, fasciné, ne pipa mot quand je l'assurai que sa grand-mère ne s'était jamais plainte et qu'elle faisait la cuisine et tenait les couchettes propres et sèches en dépit des embruns, du froid, de la fatigue et du manque de sommeil. *« Dis-moi si ça devient trop dur »,* s'inquiétait Robbie. *« D'accord, je te dirai. »* Et elle se taisait. Mais qu'aurait-elle pu faire, perdue au milieu de l'océan ? Elle n'avait même pas manifesté sa peur dans le train qui longeait les précipices des Andes, oui, Kahi, comme dans *Le Temple du Soleil.* Et en plus, ils avaient attrapé la varicelle à Valdivia, au Chili !

Je continuai mon récit, encouragée par l'insatiable curiosité de mon garçon. Ils étaient arrivés à Panamá juste à temps pour la naissance de « Tatie Hina », avant de revenir en traversant les îles Galápagos, pleines de gros lézards qui ressemblent à des dragons endormis.

— Comme des petits dinosaures, alors ?

— Toutes proportions gardées.

En plus de son travail, il fallait désormais que ma mère s'occupe de son bébé et le protège de la mer et des vagues.

— Mais il était complètement fou, grand-père ! Le bébé aurait pu tomber dans l'eau ! Et ta maman aussi ! Ils auraient pu tous mourir quand il y avait de la tempête !

— Je ne sais pas, Kahi. Bien sûr, tout ça était dangereux. Mais le *Varua* était un très bon bateau, et ton grand-père était un très, très bon marin. Il préparait tout avec beaucoup de soin. Je ne crois pas qu'il était fou.

Et je lui racontai comment, moi aussi, j'avais fait mon premier voyage sur le *Varua* âgée d'à peine un an. Bien sûr, je ne m'en souvenais pas, mais je me rappelais bien notre périple à Honolulu, sept ans plus tard.

— Alors, tu étais plus jeune que moi ?

— Oui, mais j'ai toujours trouvé tout ça normal. Le bateau qui se balance sous tes pieds, à la fin tu n'y fais même plus attention. Le vent qui te gifle et t'envoie des paquets d'eau de mer dans la figure… C'était notre vie, avec Poppy.

Et souvent c'était merveilleux. Honolulu avait été ma première découverte d'une grande ville. Papeete était si petite, à l'époque. Pour nous, les supermarchés, les interminables rues bordées de marchands de chocolats, de bonbons, de biscuits, de jus dans des boîtes en carton, de chewing-gums en grosses boules roses et vertes, pour nous, c'était le pays des merveilles ! Et puis, là-bas, les corn flakes étaient croustillants, pas comme ici où ils arrivaient tout mous d'Amérique ; nous avions aussi découvert le lait, le vrai lait en bouteille, pas la poudre blanche de nos petits-déjeuners, avec son résidu verdâtre. Et le jus de goyave ! La première fois que j'en ai goûté, j'ai dégusté ce nectar rose, les yeux fermés. C'était le paradis !

Pendant un autre voyage à Honolulu, plus tard, j'avais quatorze ans, Hina me réveillait toutes les nuits à minuit pile, me tirant de mes rêves pour que je prenne mon tour de quart à la barre. Alors je montais sur le pont et serrais la roue du gouvernail, les yeux fixés sur le compas pour bien tenir le cap. Mais souvent aussi, je jetais des coups d'œil derrière moi, et je jouais à me faire peur en imaginant je ne sais quels monstres en train d'escalader la poupe pour m'aspirer au fond des abîmes. À ce jeu idiot – je voyais aussi des crabes en forme de mains qui rampaient au-dessus du bordé, j'entendais le grattement de leurs pinces –, il m'arrivait d'avoir plus peur que si un ouragan avait fondu sur nous.

— Mais tu aurais pu mourir, toute seule comme ça, la nuit !

Kahi me prit la main, la posa sur sa joue comme pour s'assurer que je n'étais pas passée par-dessus bord. Alors je lui expliquai qu'en cas de fort coup de vent Poppy prenait la barre, avec ses mains puissantes et son air sévère, et puis il y avait le matelot pour l'aider à manœuvrer les voiles, et on nous envoyait en bas, à l'abri. Mais jamais je n'avais lu la moindre inquiétude sur le visage de mon père. Jamais, même en ces moments où le vent sifflait dans les haubans, où la pluie mitraillait le pont, où la proue se cabrait avant de retomber sur les vagues à grand fracas, jamais nous n'étions inquiètes, jamais nous n'éprouvions de peur. Quoi qu'il arrivât, il nous aurait tirées d'affaire : nous avions en lui une confiance absolue.

Aujourd'hui, en tant que mère, je me demande si c'était la confiance qu'il nous témoignait, ou bien l'inconscience qui l'habitait, qui permettait à notre père de laisser en pleine nuit des gamines de quatorze ou quinze ans seules à la barre d'un yacht de vingt mètres au milieu des grandes houles du Pacifique.

J'attrapai une lampe à pétrole et sortis avec Kahi, le livre de mon père – *To the Great Southern Sea* – à la main. Je voulais comparer ce récit avec les histoires de Piho. Je rapprochai deux chaises longues sur la pelouse et plaçai une couverture sur les genoux de Kahi avant de m'installer. La lampe vacillait dans la brise du soir. Je feuilletai le livre, m'arrêtant chaque fois qu'apparaissait le nom de ma mère. Je retrouvai ainsi la plupart des choses dont m'avait parlé Piho. Tout coïncidait.

Mon père avait tracé ce qu'il appelait *« une route prudente »* :

*« Rester dans la zone des vents d'ouest jusqu'au bout, tout en évitant de descendre trop au sud où les coups de vent et le froid étaient plus sévères. »* Mais il avait été surpris, écrivait-il, *« lorsque la longue houle sinistre de sud-ouest qui* [les] *avait freinés depuis le début disparut pour faire place à des houles croisées de plus en plus désagréables »*, et cela le jour même où ils avaient franchi le 40<sup>e</sup> parallèle, le 28 janvier, jour de l'anniversaire de Philomène !

Il pensait se trouver face à la côte du Chili, alors qu'il avait été entraîné sur la route du cap Horn, et crut bon de s'excuser auprès de ma mère pour *« les improbables coups de vent d'est qui* [les] *avaient amenés jusque-là »*, et il précisait que ma mère avait eu la délicatesse, *« tout en contemplant les paquets de mer qui s'écrasaient sur les fenêtres de la cabine, de ne pas comparer la violence de cette scène avec les autres anniversaires qu'elle avait connus dans la vallée paisible et douce qu'elle aimait »*. Il enchérissait : *« Son courage était intact, mais le mal de mer continuel l'avait beaucoup affaiblie. Bien que la mer et le vent fussent les pires que nous ayons eu à affronter jusque-là, et que le baromètre continuât à descendre comme nous repassions le 50<sup>e</sup> parallèle, le fait que nous remontions vers des latitudes plus douces et en principe* *plus clémentes était le plus beau cadeau d'anniversaire que je pouvais lui faire. »*

J'en avais le souffle coupé. Le plus beau cadeau d'anniversaire ! Les quarantièmes rugissants, les icebergs, le mal de mer, le froid, la peur, et en plus, elle était enceinte ! À sa place, j'aurais pour le moins protesté. Mais Ah You s'était contentée de demander à son Ropiti : *« Est-ce que tu crois que, chez nous, le* moto'i *et la barbadine sont en fleurs maintenant ? »* C'était probablement tout ce à quoi elle pouvait se raccrocher à ce moment-là, les fleurs et les parfums qu'elle avait laissés là-bas, si loin, dans son île natale.

Les icebergs ! Il a fallu beaucoup de temps à mon père pour expliquer à son équipage ce qu'étaient ces blocs de glace flottant sur l'océan. La seule glace qu'ils avaient vue jusqu'à présent était celle de la brasserie Martin à Papeete, vendue en pains de cinquante kilos. Leur expliquer qu'ils pouvaient rencontrer un bloc de glace de la taille d'une île était impossible à imaginer ou à comprendre. Trouver un bon iceberg comme port pour pouvoir descendre à terre et se baigner dans une rivière fut la grande plaisanterie du moment.

Le *hupe*, la brise fraîche qui descend des montagnes, la nuit, longeant les vallées, se leva et me fit frissonner. Je remontai la couverture sur les épaules de Kahi. Il s'était endormi. Puis je repris, avec mon père, ce voyage dans la grande mer du Sud et trouvai bientôt un long paragraphe, éprouvant, mais où je crus entrevoir l'espèce de démon qui le poussait toujours plus loin dans d'impossibles aventures.

*« Tout ce que j'avais pu voir précédemment n'était que jeu d'enfant comparé à ce qui nous attendait dans les quarante-huit heures qui suivirent. Les vagues étaient parmi*

*les plus grosses que je n'aie jamais vues, entre dix et douze mètres, avec de lourdes crêtes qui brisaient fort. Tout alla bien jusqu'à l'aube, ou peu après, mais alors elles atteignirent des hauteurs et des pentes si abruptes que, dans les creux, nos voiles fasseyaient pour prendre ensuite une terrible claque lorsque nous remontions sur les crêtes. Lorsque le vent se mit à arracher aux crêtes des paquets de mer pour les projeter à travers le pont, les voiles ne résistèrent pas longtemps. La seule action mécanique de ces lames verticales faisait obstacle à notre dérive normale dans le vent : en arrivant au sommet de la vague, le* Varua *gîtait sous le coup de bélier du vent qui prenait appui sur le gréement avant et l'emportait à nouveau ; mais alors, la crête de la lame frappait la coque en sens inverse, contrecarrant l'action du vent. Pour finir, le* Varua *dégringolait le mur d'eau, déventé, et se retrouvait en travers. Les vagues, à ce point, étaient si énormes et concaves que c'est tout leur tiers supérieur qui semblait s'écrouler et nous tomber dessus verticalement. J'eus alors l'impression d'entendre le tonnerre, un grondement sourd qui se répercutait dans la nuit, et je mis un moment à me rendre compte qu'il s'agissait du fracas que faisaient ces montagnes d'eau en se brisant. Quand je parlais d'expérience ultime dans une vie de marin, c'est à ce genre de choses que je pensais. Quand un bateau de vingt mètres et de cinquante tonnes "surfe" en vibrant de toutes ses membrures sur la pente d'une de ces vagues monstrueuses, dans le bouillonnement de la crête qui déferle, on peut parler d'expérience. À ces moments-là, après avoir dévalé ces à-pic liquides, le* Varua *plantait son beaupré au fond du creux avant de se relever. Vers trois heures du matin, avant l'aube, une lame plus énorme que toutes les autres se mit à briser au moment même où elle commençait à soulever notre poupe. Comme le* Varua *s'élevait sur le flanc de la vague, la crête en surplomb, loin au-dessus de ma tête, commença à dégringoler et je m'accroupis dans le cockpit, me faisant aussi petit que possible, les mains désespérément soudées à la roue du gouvernail. Elle s'écrasa sur moi avec une force terrible et submergea tout l'arrière du bateau sous des tonnes d'eau. Je me demandai alors ce que je faisais là et ne trouvai qu'une seule réponse : peut-être était-ce précisément cela qui m'avait poussé à faire ce voyage, un besoin inavoué de faire l'expérience d'une vraie tempête près du cap Horn. »*

Pas une pensée pour la petite vahiné enceinte de quatre mois, enroulée dans sa couverture, accrochée au rebord de sa couchette, le cœur au bord des lèvres à chaque coup de boutoir de l'océan. Entre la colère et les larmes, je lus, quelques pages plus loin, leur arrivée dans l'embouchure de la Valdivia. Une barque était venue à leur rencontre et un homme avait offert un bouquet de bienvenue à ma mère :

*« Ah You, jusque-là, était restée silencieuse, les yeux écarquillés. Elle fondit soudain en larmes : "Et moi avec mon gros ventre… C'est comme si tu m'avais emmenée à la guerre. Je n'aurais jamais cru que j'aurais assez de courage… rien que pour arriver à vivre chaque jour." »*

Il avait fallu un inconnu, dans ce pays inconnu, pour lui offrir un bouquet de fleurs. Tout ce qu'elle avait reçu de mon père, pendant cette étrange lune de miel, c'était l'inconfort, le danger, la nausée et le froid qui vous pourfend.

La silhouette de ma mère commençait à prendre forme. C'était une femme ordinaire, avec ses joies et ses peines, mais il y avait en elle quelque chose d'exceptionnel. Elle venait de prouver qu'en toute circonstance elle était capable de garder son calme, sa sérénité, une maîtrise de soi que notre père mettrait des années à nous enseigner. Personne n'avait appris à Philomène à affronter les dangers et les terreurs dont elle venait de triompher. C'est au fond d'elle-même qu'elle en avait trouvé la force.

Les mots de Piho me revinrent à l'esprit : *« Il pensait peut-être que vous étiez plus en sécurité avec lui qu'avec Philomène. »* Quelle terrible ironie ! Elle se trompait : ce qui avait fait mourir ma mère devait être quelque chose de plus terrible que les quarantièmes rugissants.

Un passage plus gai m'arrêta. Ah You est avec Piho à la barre, vêtue d'un *pareu*, apparemment transie, sous la pluie qui dégouline sur ses joues. Ropiti lui demande pourquoi elle ne descend pas se mettre à l'abri dans la cabine. Elle lève les yeux et lui répond : *« Mais non, c'est bon »*, et continue de le regarder d'un air étonné. *« C'est bon, c'est bon, c'est bon »*, et les deux filles commencent à entonner la chanson française *: « C'est si bon... »*

Commentaire de mon père *: « J'oubliais toujours que tous les Tahitiens, et de toute évidence aussi les Tahitiennes adoptées d'origine sino-siamoise, ne sont jamais aussi heureux que sous la pluie. »*

Le calme exceptionnel de ma mère me frappa aussi en lisant le récit de la naissance de Hina à Panamá. Jusqu'à ce soir-là, d'ailleurs, Hina s'appelait *mea*, ce qui signifie machin, ou chose, ou même machin-chose en tahitien. Bref, mon père taxait d'insouciance ma mère qui l'avait aidé à faire des agrandissements photographiques jusqu'à minuit, parce qu'elle avait négligé de lui dire que *« les choses avaient commencé depuis déjà plusieurs heures et que peut-être il fallait nous dépêcher d'aller à l'hôpital »*.

Aider mon père coûte que coûte avant de penser à elle-même : plus que du courage, c'est du sacrifice. À moins que – et cette idée me glace – elle n'ait eu peur de le contrarier ?

Kahi, la tête sur ma poitrine, s'agita dans son sommeil. Il était plus que temps que je le mette au lit. Je le pris dans mes bras et l'emportai dans sa chambre. Après l'avoir bordé, je m'allongeai sur le *peu'e*, près de son lit. Ce soir, il fallait que je reste près de lui. J'y trouvais je ne sais quel réconfort. J'eus peine à m'endormir, pourtant, rattrapée par la houle de la grande mer du Sud et envahie de cauchemars où déferlait une angoisse nouvelle. Ils auraient tous pu disparaître durant ce voyage infernal. Alors je ne serais jamais née, et Kahi non plus. Mais c'était une perspective impossible à concevoir : il fallait bien qu'un jour quelqu'un raconte notre histoire…

# La honte

Le Dr Andréa Debalmann était un mélange de douceur et de fermeté, avec un timbre de voix un peu rauque. Née en 1913 sur l'île de Makatea, elle avait été en 1939 le premier médecin de Tahiti. En 1945, elle avait ouvert un cabinet privé dans un quartier populaire de Papeete, avant de diriger le département de la lutte contre la tuberculose puis, deux ans plus tard, un important dispensaire. Elle était notre médecin de famille. Nous la trouvions sévère, mais elle était connue et respectée pour son dévouement.

Augustine m'avait dit qu'elle s'était occupée de ma mère à Vaiami. Je ne l'avais pas revue depuis ma jeunesse et c'est à la porte d'une femme de soixante-dix ans que je frappai. Je la reconnus malgré la demi-obscurité où baignait la pièce. Toujours très droite, ce qui la faisait paraître presque grande, avec peut-être quelque chose de plus raide dans la démarche. Un sourire poli, mais une certaine réserve, cet air d'autorité qui nous intimidait autrefois, avec en plus une fragilité, un regard presque fuyant. Elle m'invita à m'asseoir.

Les nuages crevèrent et la pluie se mit à tambouriner sur le toit de tôle et les larges feuilles d'un badamier qu'encadrait la fenêtre ouverte. Plus de vent. Les grosses gouttes de la pluie tropicale tombaient à la verticale et la maison semblait vibrer. Si nous nous trouvions dans la pièce où je venais jadis, je ne m'en souvenais pas. Le mobilier était quelconque, mais un Gouwe et un Morillot se faisaient face, étrangement lumineux dans cette pénombre.

— Merci de me recevoir, docteur, dis-je, émue, pardessus le vacarme de la pluie.

Elle tira de sa manche un mouchoir et se mit à essuyer ses lunettes, en les inspectant soigneusement comme si je n'étais pas là, puis alla s'asseoir, en s'aidant d'une canne, à son bureau sur lequel trônait un plateau où s'embuait un pichet d'eau glacée avec deux verres. Elle leva les yeux avec un mince sourire. La pluie cessa. Un rayon de soleil fit scintiller le badamier.

— Tu es toujours aussi belle, Tumata. Ah, les demoiselles Robinson ! Tu danses toujours, paraît-il ?

— Non, mais j'ai une école de danse.

— Ce doit être un grand bonheur de transmettre les choses d'antan. Moi, je n'ai transmis que des choses utiles, et peut-être aidé à sauver quelques vies. Mais la danse, c'est une façon tellement plus belle de tenir la mort à distance.

Il y eut un silence. Elle avait fermé les yeux.

— Je me demande, reprit-elle soudain, si la danse n'a pas été pour ton père une façon de vous faire oublier votre maman. De l'oublier lui aussi, peut-être, en la réincarnant en quelque sorte. Vous lui ressembliez tellement, toutes les trois, chacune à sa manière. Rampa, elle, ressemblait à May, bien sûr. Au fait, comment va-t-elle ?

Elle me demandait des nouvelles de la mère de Rampa sans ciller, comme s'il avait été normal que mon père s'en fût aussi débarrassé, comme si ce comportement récurrent avait été une chose à laquelle tout le monde ici s'était habitué : Florence, Sally, Philomène, May...

— Elle va bien, j'ai eu Rampa au téléphone il y a peu de temps. May ne sait pas être malade...

— Elle était belle, elle aussi. Ton père aimait la beauté, c'était son côté collectionneur. Son côté Barbe-Bleue... Je ne parle pas que de Florence et Sally, mais aussi des autres. Des Tanagra, des poupées de porcelaine, des bibelots vivants. Ensuite, il y a eu Faustine, Poeura, Panor, Eva, Manlei... Ton père, c'était quelqu'un ! Un vrai Casanova. S'il n'avait pas été aussi respecté pour ses travaux, il aurait été mis au ban de la société, ici ! (Elle eut un petit rire triste). Tu sais que nous étions fâchés ?

— Vraiment ? Il ne nous en a jamais rien dit. Il ne nous disait jamais rien. C'est d'ailleurs pour cela que je voulais vous voir. Ou plutôt, pour que vous me parliez de ma mère.

— Cette pauvre Philomène ! C'est tout juste s'il ne m'a pas accusée de l'avoir tuée... Tu comprends qu'après ça on ait été plutôt en froid, lui et moi.

Je restai muette, interdite.

— Il faut dire qu'à cette époque-là, en ce qui concerne la psychiatrie, nous étions d'une ignorance pitoyable. Nous ne possédions que deux ou trois médicaments : il y en avait un pour les agités, un autre pour les dépressifs, et les électrochocs pour tout le monde. C'était à peu près tout. Excuse-moi, si tu veux boire quelque chose, viens te servir.

— Non, merci. Mais comment a-t-il pu ?

Elle poussa un soupir, haussa les épaules.

— Nous avions beaucoup de malades et pas assez de personnel. Comme tu vois, rien ne change... Philomène, je ne m'en occupais pas directement, je ne suis pas psychiatre, et puis j'exerçais au dispensaire, pas à l'hôpital, même si je passais régulièrement voir mes malades. À l'époque, Vaiami était le seul hôpital de la ville, et le service psychiatrique, la dernière roue de la charette. Bref, le surmenage était la règle. Il n'est pas impossible que des erreurs aient été commises en ce qui la concerne... Ce genre de chose, hélas, arrivait parfois.

— Alors, vous pensez que ma mère a pu mourir par suite d'une négligence du personnel ?

— C'est en tout cas ce que ton père semblait penser. Quoi qu'il en soit, je n'avais pas de responsabilité directe dans le service psychiatrique.

— Mais pourquoi nous a-t-il raconté cette histoire de tumeur au cerveau ?

— C'est trop tard pour le lui demander. Mais tu imagines bien la honte que la plupart des gens associaient – et associent encore – aux maladies mentales. Dès qu'il y avait un cas dans une famille, on parlait de tare, d'hérédité, on craignait pour la descendance... D'autant plus que ton père, tu le sais sans doute, avait un fils soigné dans une institution, en Amérique. Alors une tumeur, pour lui, c'était sans doute quelque chose de plus, comment dire... naturel, rassurant ? De plus propre, en tout cas.

— Quand je pense à tout ce qu'on racontait ! Les Tahitiens pensaient même que c'était la faute des *tiki*, ou bien qu'on lui avait jeté un sort...

— Tu sais, Tumata, pour expliquer les choses qui nous dépassent, ce sont des façons qui ne sont pas si idiotes. Les *tiki* sont des boucs émissaires utiles quand on ne sait pas expliquer le malheur. Et nous savons aujourd'hui que les maladies mentales sont souvent le résultat d'un mal-être profond. Et ce mal-être peut très bien avoir été causé par les parents, ou l'entourage de celui ou celle qui en est victime. Il y a bien là comme un *sort* qui aurait été jeté.

— Alors ma mère était vraiment folle ?

— Elle n'était pas folle à lier, que je sache, encore que vers la fin elle ait été très agitée. Il fallait parfois deux infirmiers costauds pour la ramener de ses escapades sur le port. Mais je crois qu'elle était profondément malheureuse, abandonnée, seule, et que c'est cela qui a causé sa dépression.

— Ce que j'espérais savoir, en venant vous voir, c'est de quoi elle est morte, exactement. Pourquoi mon père interdisait qu'on en parle à la maison, pourquoi il nous imposait le silence, comme si elle n'avait jamais existé.

— Pour autant que je m'en souvienne, elle n'est restée à Vaiami que deux ou trois mois, vers la fin. Et sa sœur Augustine, qui l'avait d'abord prise chez elle, venait la voir presque tous les jours, s'occupait d'elle la matinée ou l'après-midi, quand elle en avait le temps. Ce que je comprends mal, Tumata, c'est que tu poses toutes ces questions si tard. Cela va faire bientôt trente ans. Le temps est passé là-dessus.

— Justement. Plus le temps passe et plus ce passé me pèse. Et puis il y a le fait que mon père, en éludant nos questions, a tout essayé pour effacer sa mémoire. Mais en ce qui me concerne, il n'a réussi qu'à l'étouffer provisoirement. J'ai récemment rêvé d'elle.

— Qu'attends-tu de moi ?

— Que vous me disiez la vérité. Que mes sœurs et moi n'ayons pas à mentir à nos enfants comme on nous a menti pour elle. Qu'ils gardent d'elle et de nous une image nette. Si elle s'est suicidée, ou qu'elle est morte d'un accident d'ordre médical ou d'autre chose, qu'on nous le dise ! La vérité, c'est simple.

— Pas toujours, Tumata. Pas toujours.

— Je me suis dit que je pourrais la faire exhumer.

— Pour quoi ? Il est bien trop tard pour faire une autopsie.

— Non, je voudrais qu'elle repose à Ofaipapa, où elle a été heureuse.

— Ma pauvre, ça va être compliqué, crois-moi. Tu devrais la laisser reposer en paix là où elle est.

La brise s'était à nouveau levée. Le badamier s'égouttait devant la fenêtre. On entendait quelques merles se chamailler.

— Tu comprendras, Tumata, qu'en tant que médecin il y a des choses que je ne puisse pas te dire. Et le secret médical est particulièrement recommandé dans les histoires de famille. Malgré notre brouille, j'avais une grande admiration pour le travail de ton père. Mais je te dirai une chose, quand même : en tant qu'individu, et malgré tout le respect que nous lui portions, j'ai toujours trouvé que c'était un fichu égoïste. Et nous étions un certain nombre à penser qu'il avait décidé de se débarrasser de ta mère simplement parce qu'elle l'encombrait. Ce qu'aujourd'hui encore je juge impardonnable.

Encore une fois je demeurai muette, pétrifiée. Mais, au fond de moi, pas vraiment surprise. À la limite, je trouvais presque courageux, chez cette vieille dame, de me parler aussi franchement. Mais elle mettait le doigt sur la plaie qui me rongeait depuis toutes ces années. Elle mettait ma douleur à vif.

— La vérité, qui la connaît ? reprit-elle. Je n'étais pas le médecin traitant de ta mère. Philomène était à la charge de l'État, en tant qu'indigente. Elle n'était pas mariée à ton père, et il ne lui devait rien, légalement parlant. Je me suis occupée d'elle, à l'occasion, parce que sa sœur Augustine était une amie, et que je connaissais ton père. Il m'est arrivé d'aller chez Augustine pour m'occuper de Philomène, mais je ne peux pas dire que je l'aie suivie en tant que patiente.

*Indigente !* Le mot résonnait dans mon esprit comme une insulte. L'homme qui était un héros pour tant de gens *ne devait rien* à la femme qui lui avait donné trois enfants ! Autant dire qu'il l'avait laissée mourir dans la misère. J'éprouvai une sensation de nausée et me levai, prête à m'enfuir. Je me repris et m'avançai jusqu'au bureau pour me servir un verre d'eau. Je me sentais épuisée, vide.

— J'ai demandé son certificat de décès à la mairie. J'aurai donc une réponse officielle. Mais je doute que ça m'avance beaucoup.

La mairie détenait une photocopie du certificat à ma disposition. La fonctionnaire que j'avais eue en ligne avait refusé de me lire la cause de la mort. Elle me proposait de venir chercher le document, ce que je comptais faire rapidement.

— Je comprends ta frustration, Tumata, et le sens de ta recherche. Mais je pense aussi qu'il est peut-être temps de laisser les morts enterrer les morts, comme il est dit dans l'Écriture. Les détails du décès de ta mère sont-ils si importants ?

— Ils le sont pour moi.

— Dans ce cas, suis ta route. Ce n'est pas moi qui te blâmerai de chercher la vérité. Mais souviens-toi quand même que les faits ne sont pas la seule mesure de nos actes.

Pour moi, si. Il me fallait d'abord m'assurer des faits. J'examinerais ensuite leurs causes et démêlerais moi-même les bonnes intentions des mauvaises, en fonction des acteurs du drame.

Je bredouillai des remerciements, reposai mon verre, embrassai la vieille dame, comme c'est chez nous la coutume, et pris congé.

# Fille de lumière

Je *devais* aller à Vaiami. Une impérieuse nécessité m'incita à demander un rendez-vous avec le directeur de l'ancien hôpital-prison, là où l'« indigente » était morte. Et peu importait ce que j'y trouverais.

Bâti à l'origine comme un hôpital militaire vers 1850, Vaiami se trouve au cœur de Papeete, à quelques pas des quais. Il est entouré de hauts murs, et des lichens couvrent son toit de tuiles comme un camouflage. Des grilles en fer forgé et une porte cochère massive, à double battant, flanquée d'un double poste de garde à contreforts, lui donnent plus l'air d'une forteresse que d'un hôpital.

Derrière la porte ouverte, un gardien écoutait la radio dans le poste de garde en mangeant un énorme sandwich d'où dépassaient des frites dégoulinantes de ketchup. Rien pour dissiper mon malaise. L'allée de corail était aveuglante sous le soleil vertical. Un jeune homme en blouse blanche s'approcha de moi en souriant.

— J'ai rendez-vous avec le Dr Raynald. Pouvez-vous m'indiquer…

— C'est moi. Mme Robinson ?

Je fus surprise, et déçue, de voir un homme si jeune. Je m'attendais à ce que le directeur fût un vieux monsieur rassis, rassurant, et surtout qui aurait connu ma mère, se serait occupé d'elle peut-être, en tout cas se souviendrait de son séjour.

Il me parut sympathique, cependant, et me regarda bien en face en répondant à mes questions. Il parlait d'une voix lente et précise, avec la patience de ceux qui ont l'habitude d'expliquer les choses compliquées ou douloureuses. De toute évidence, il ne restait dans les archives aucun dossier de l'époque de ma mère, et il ne pourrait donc me donner aucune précision sur son admission dans le service psychiatrique. J'étais arrivée à un cul-de-sac, semblait-il, et je ne saurais jamais ce que Philomène avait enduré ici. La chape de silence posée par Robbie sur les dernières années de ma mère ne se soulèverait pas de sitôt. Sa mort m'avait libérée du tabou, mais il avait emporté l'énigme dans sa tombe. J'étais déçue, triste et frustrée.

Le Dr Raynald m'offrit de visiter l'hôpital. Sur des bancs, le long des couloirs, des patients atones nous regardaient passer, la bouche entrouverte et le regard vague. Certains tendaient la main, nous saluaient ou quémandaient des cigarettes. Une Tahitienne d'un certain âge, debout dans un coin, débitait d'une voix terne une interminable litanie d'insultes et d'obscénités à l'adresse d'une autre, assise, qui lui souriait de toutes ses dents. Une femme en turban s'approcha et me demanda gaiement si je voulais lui acheter ses tomates : elle ouvrit tout grand son panier de pandanus, au fond duquel il n'y avait qu'un paquet de Bison, le tabac des pauvres, et un carnet de papier à cigarettes. Elle nous suivit en nous assurant que ses tomates étaient fraîches du matin, et qu'elle pouvait aussi nous fournir des fruits cueillis par ses soins. Le docteur lui sourit en disant que nous allions revenir, puis il m'entraîna dans une cour intérieure carrée. Plus loin, après avoir enfilé un autre couloir, on débouchait sur une autre cour au milieu de laquelle trônait un énorme banian ; sur un côté, une longue bâtisse sans étage fermée d'une lourde porte de fer.

— On appelle ça le blockhaus, déclara Raynald en poussant la porte de l'épaule.

Elle s'ouvrit sur une pénombre humide où l'on distinguait une enfilade d'autres portes rouillées. C'était, me dit-il, l'aile où l'on enfermait naguère les malades agités et dangereux, mais cela avait d'abord été une sorte de prison, construite vers la fin du XIXe siècle. L'épaisseur des murs était impressionnante.

— En théorie, ils devaient pouvoir résister à un bombardement naval. On ne voulait pas qu'il y ait d'évasions, vous comprenez.

Dans chaque porte, on distinguait un guichet coulissant, assez large pour passer une gamelle. Les trous des serrures étaient énormes, mais sans clé, et les verrous extérieurs avaient quelque chose de gothique.

— Bien sûr, ces cellules ne sont plus utilisées depuis longtemps.

— Mais si c'étaient des patients, je veux dire des malades, pourquoi fallait-il les enfermer ? Il ne s'agissait pas de prisonniers de guerre, quand même !

— Non, la plupart étaient des soldats français, certains incarcérés pour rébellion, d'autres pour avoir frappé des officiers. Mais même ceux-là relevaient sans doute de la psychiatrie, vous savez. La syphilis, le soleil, l'alcool, le mal du pays... Les surveillants étaient souvent des paysans français qui n'avaient jamais quitté leur village et se retrouvaient à monter la garde des journées entières dans des uniformes en laine, sous un soleil de plomb. Des sous-officiers stupides, capables de brimades qu'on n'imagine pas. Les troupes coloniales, ce n'était pas le Club Méditerranée, même à Tahiti.

Ce couloir sinistre, c'était du malheur, rien que du malheur. Malgré la claustrophobie qui me gagnait, je poussai la porte entrebâillée d'une des cellules et en franchis le seuil. Elle faisait environ trois mètres sur trois, quatre de haut, et la porte douze bons centimètres d'épaisseur. Il y avait, tout en haut, donnant sur la rue, une petite fenêtre à barreaux. Un rayon de soleil filtrait, qui me fit cligner des yeux. Je me forçai à entrer. Debout sur la pointe des pieds, j'atteignais à peine du bout des doigts le rebord de la fenêtre. Je me retournai. Le docteur me regardait depuis le seuil. Je lui demandai de me laisser seule un moment. Il recula d'un pas.

Même avec la porte grande ouverte, la solitude me saisit à la gorge. Je ne sais pas ce qui me prit alors, mais je me dirigeai vers la porte que je refermai au nez du médecin médusé.

— Voulez-vous fermer le verrou, s'il vous plaît ? lui demandai-je dans l'embrasure.

— Mais…

— S'il vous plaît !

Je poussai le battant à fond et attendis une seconde. Il s'exécuta.

Le grincement du verrou suivi d'un claquement vibra dans ma poitrine comme un écho sinistre échappé d'une oubliette. Le soleil, derrière les barreaux de la lucarne, ne filtrait presque plus. Je me trouvais dans un caveau, enterrée vivante sous un pâle rayon de lumière grise, dans un calme étrange. Ainsi ma mère avait subi ce silence, cette solitude absolue, la puanteur de cette tinette au ras du sol, dans un coin. Pieds nus, à peine drapée dans un *pareu* trempé de sueur, nue peut-être. Comment avait-elle pu supporter cela ? Combien de temps ? Quelque chose me grimpait sur le pied. Un cafard ! L'insecte répugnant m'arracha à ma tristesse, j'eus une seconde de panique, tapai du pied et me jetai sur la porte, la frappai des deux poings en hurlant :

— C'est bon, ouvrez-moi !

Il y eut un long silence. Mon visage était baigné d'une sueur froide et je sentais la honte m'envahir. Paniquer pour un cafard !

— Docteur Raynald !

Ma panique redoubla : il ne m'entendait pas. Je me remis à tambouriner à la porte. Enfin, le verrou grinça de nouveau.

— Madame, ça va ?

Il ne semblait pas m'avoir entendue. Il me regardait d'un air interrogateur.

— Quelqu'un de votre famille a été enfermé ici ?

— Ma mère. Elle était chinoise, elle s'appelait Philomène.

— C'est un beau nom. Ça veut dire celle qui aime la vie, je crois. Ou bien fille de la lumière. Ça dépend...

— Comment savez-vous cela ?

— En médecine, on fait un peu de grec et de latin. Mais votre mère, c'était il y a longtemps, non ?

— Très longtemps. Si longtemps que je n'ai pratiquement aucun souvenir d'elle. Elle est morte en 57.

— Nos archives remontent à 1965. On ne trouvera rien.

— Vous ne pensez pas que c'est eux qui étaient fous ?

— Qui ça ?

— Vos confrères de l'époque, pour enfermer des gens là-dedans.

— Les choses ont quand même pas mal changé depuis les années 50. Je ne pourrais pas vous dire comment ça se passait, mais il devait s'agir d'une sorte de punition, le temps que les agités se calment.

— Punir des malades !

— Je sais. On revient de loin. La civilisation, vous savez, c'est quelque chose de très relatif.

Il eut un drôle de rire et me prit le coude pour descendre les trois marches qui menaient à la cour. Au milieu, le banian étendait ses branches jusqu'au-dessus du mur. On entendait à peine la rumeur de la ville. Et moi je pensai : « Elle aurait pu s'échapper, grimper le long de ces grosses branches, se laisser tomber dans la rue. » Mais en avait-elle eu encore la force ? En avait-elle même eu l'idée ?

Le Dr Raynald m'accompagna jusqu'au poste de garde. Je le remerciai et il s'excusa de n'avoir pu mieux me renseigner. Le concierge n'était plus là, mais sa radio diffusait une chanson des années 50 sur laquelle mes sœurs et moi avions souvent dansé. La voix cristalline d'Henriette Winkler me donnait encore la chair de poule.

Je décidai d'aller à pied jusqu'à la mairie pour ne pas avoir à tourner en rond dans le centre à la recherche d'une place de parking. Et puis, marcher me ferait du bien.

Une splendide petite vahiné, guère plus jeune que ma mère au moment de sa mort, était assise derrière le guichet, en train de plaisanter avec une collègue.

— J'ai demandé un certificat de décès à ce nom.

Je lui tendis une feuille de papier où j'avais écrit en majuscules le prénom et le nom chinois de ma mère. AH YOU WAN KIM. Elle les déchiffra à haute voix en mâchant bruyamment son chewing-gum, puis pivota et disparut au rythme de ses hauts talons pour reparaître aussitôt.

— Voici, c'est une photocopie.

Je pliai le papier en quatre et le glissai dans mon sac. Les filles avaient repris leur dialogue entrecoupé de rires. À la sortie, une voiture de pompier passa dans un vacarme de sirènes, se frayant laborieusement un chemin dans le trafic toujours dense aux abords du marché. Le ciel était au ras des toits. J'allai droit sur le quai, en quête d'un peu d'air, d'un peu d'horizon. J'avais besoin de respirer. Je m'assis sur un parapet, devant la passe où entrait un énorme porte-conteneurs flanqué de son remorqueur.

Je tirai le papier de mon sac.

*« Cause du décès : cachexie démentielle. »*

Le sang me monta au visage et mon cœur se mit à cogner dans tous les sens. Je portai ma main à mon cou. Elle était glacée. J'ignorais le sens du mot *cachexie*. Mais l'adjectif *démentiel* ne présentait aucune ambiguïté. Démence… Ainsi, c'était vrai ? Ma mère avait fini folle à lier ? Une folle que mon père avait dû faire enfermer pour se protéger, pour protéger ses filles ? Tumeur au cerveau ou pas, elle serait donc devenue un danger pour son entourage ?

Je restai là sous la pluie qui commençait à tomber, craignant que mes jambes ne me lâchent si je me levais. On ne devient pas fou comme ça, du jour au lendemain. Démence… Comment attrape-t-on cette maladie ? Je repliai le certificat que la pluie avait déjà barbouillé comme des larmes. Il fallait que je retourne à la maison. Kahi allait rentrer de l'école, m'attendre et s'inquiéter. Comme disait May, *« une maman, c'est fait pour être là, le matin, le soir, tous les jours que le bon Dieu fait »*.

# « Où sont mes bébés ? »

La vieille barrière de bois ne tenait que par un seul gond. Tehapai m'attendait, assise dans un fauteuil de plastique blanc, à l'ombre d'un gros manguier.

Je me penchai pour l'embrasser. Nous avions toutes deux les larmes aux yeux, émues de nous revoir après tant d'années, bien que nous habitions dans le même district, Paea, à vingt-cinq kilomètres de la ville. Tehapai avait pris beaucoup de poids et portait ses cheveux gris nattés dans le dos, un hibiscus sur l'oreille, un grand *pareu* fané noué sur sa large poitrine. Elle devait avoir dépassé la soixantaine et je compris soudain pourquoi elle ne s'était pas levée pour m'accueillir : l'une de ses jambes était enflée, difforme. Filariose. Éléphantiasis. Depuis que les campagnes de prévention avaient cessé, la maladie connaissait une relative recrudescence. Mon père aurait été furieux de la voir dans cet état. Tehapai était-elle seulement allée consulter un médecin quand elle avait commencé à souffrir du *mariri*, qui se traduit par une augmentation de volume des pieds ? Ou s'était-elle laissée aller au fatalisme, comme tant de gens dans l'île ?

— Je t'ai préparé de la citronnade, comme autrefois, dit-elle en riant à travers ses larmes.

Je m'assis en face d'elle et lui tendis mon verre.

— Je suis allée à Vaiami l'autre jour, dis-je après qu'elle se fut dûment enquise de la santé de mes proches.

— Tu tiens donc tellement à te faire du mal, ma fille ?

Elle affichait un air désapprobateur.

— Si je ne perce pas l'abcès une bonne fois pour toutes, je continuerai à souffrir le reste de ma vie. Et quand on souffre, on fait souffrir les autres. Je ne veux pas risquer de rendre Kahi malheureux. Je veux vivre en paix. Et pour ça, il faut que je connaisse la vérité. Que je sache pourquoi et comment ma mère est morte.

— Tu sais, nous les Tahitiens, on ne va pas se torturer avec des pourquoi et des comment. La vie c'est la vie, un point c'est tout. Et la mort aussi.

— Je ne suis peut-être pas assez tahitienne pour voir les choses comme toi, Tehapai.

Elle haussa les épaules, résignée :

— Bon, c'est comme tu veux.

— Philomène aurait ton âge, aujourd'hui ?

— Non, j'étais quand même plus âgée. J'avais peut-être dix ans de plus qu'elle. Mais c'était comme ma sœur. On avait été élevées par la même famille, des Tahitiens, les Vitau.

— Où ça ?

— De l'autre côté du district, à Faaone. Papa Vitau était mon oncle. Vitau, c'est mon nom à moi aussi.

Tehapai avait des racines et elle en était fière. J'eus un peu honte de me rendre compte que je n'avais jamais su son nom de famille. Chez nous, c'était Tehapai la cuisinière. Je ne m'étais jamais posé la question.

— Philomène et moi, on a grandi en faisant le coprah et en pêchant. On avait appris à jeter le filet, le rond avec les plombs autour, on savait l'envoyer pour qu'il tombe en plein sur les bancs de *ature* ou de *'ouma*. Ta mère, c'était une sacrée pêcheuse ! Elle connaissait les bons coins dans le lagon et sur le récif, tous les poissons, tous les coquillages, et les nuits où ils sortent de leurs trous, les saisons, tout ça. Quand elle vivait avec ton père, même, elle le laissait tout seul dans son lit au milieu de la nuit, pour aller pêcher au *mori gaz*[1] avec les autres. Il était fâché ! Mais alors, fâché !

J'éclatai de rire. Une nouvelle Philomène apparaissait, presque facétieuse.

— Le matin, elle revenait toute trempée, ravie et fière, avec sa ficelle de poissons pour le déjeuner.

— Raconte encore. Y avait-il d'autres moments où elle semblait vraiment heureuse ?

— Oh oui, quand elle jouait de la guitare, quand elle chantait. Et elle chantait si bien. Elle était encore plus belle quand elle chantait. Déjà que tous les garçons la regardaient, alors là, tout le monde l'écoutait. Quand j'ai commencé à travailler chez ton père, je lui ai dit de venir avec moi. Si elle se débrouillait bien, peut-être il allait la payer aussi. Et puis, c'est toujours bien d'apprendre chez les *popa'a*. Tu peux trouver du travail plus facilement si tu as de bonnes références.

— Et elle travaillait bien ?

— Elle n'a jamais regretté d'être venue. Elle adorait cette grande maison au bord de la mer. Quand elle faisait la bonne, elle était heureuse. Elle aimait son travail, tu sais. Plus tard, quand elle est devenue la patronne, elle a continué à travailler : toujours à arranger les fleurs, à s'occuper du jardin. Elle partait aussi sur le lagon, sur le récif. Quand elle n'avait vraiment rien à faire, elle arrachait les mauvaises herbes de la pelouse.

1. C'est ainsi qu'on appelle les lampes à gaz utilisées pour la pêche.

Mais Ropiti n'aimait pas la voir à quatre pattes dans l'herbe, il trouvait que ça ne faisait pas bien. Elle riait et elle lui disait d'aller écrire ses livres.

Elle osait lui désobéir ! Je m'amusai en pensant au courage, ou à l'inconscience qu'il lui avait fallu pour contredire mon père. Moi-même, je ne m'y étais pas souvent risquée, même devenue adulte.

— On avait beaucoup de chance, il faut dire. La vie était bien plus facile à l'époque. Ton père était riche. On avait tout ce qu'on voulait, ou presque. Attends un peu. (Tehapai se leva lourdement.) J'ai quelque chose à te montrer. Reste là.

Elle disparut dans sa maison en boitant et revint avec une photo à la main : Philomène et elle, assises au bord d'une grande vasque de galets noirs au pied d'une cascade, couronnes de fleurs sur la tête, sourires éclatants, l'image même de l'insouciance et du bonheur.

— Où était-ce ?

— Aux cascades de Faarumai, un jour où ton père nous a emmenées faire le tour de l'île.

— Tu as d'autres photos ?

— D'elle ? Non.

— Parle-moi encore.

— Qu'est-ce que tu veux que je te raconte ?

— Je ne sais pas… Ils se disputaient souvent ?

— Au début, presque jamais. Mais il y a une chose qui énervait ton père, ça je le sentais bien, c'était nos coutumes.

— Par exemple ?

— Tu sais, les choses qu'on dit, les choses qu'on croit. Par exemple qu'on ne doit pas aller à la pêche le dimanche. Ou que les *tiare Tahiti* à six ou huit pétales sont maudites et que les tiaré à cinq ou sept pétales portent bonheur. Aussi quand tu as tes règles, il ne faut pas toucher les fleurs, car on peut les faire crever. Et les histoires de *tupapa'u*… Quand il entendait ça, il disait : *« Mais oui, mais oui… »* Des fois, il en rigolait. À la fin, il ne nous écoutait même plus. Il se levait et retournait à ses livres.

Tehapai sourit, se pencha et me caressa la main.

— *Aue, Tumata iti e !* Tu étais le plus beau bébé du monde ! C'est toi qui avais les plus beaux cheveux de vous trois ! *Purotu Vehi* – fille de Hawaï ! Entre nous, on t'appelait Miss Hawaï parce que tu étais née à Honolulu. Je ne sais ce qui a pris à ton père d'embarquer Philomène. Remarque, il lui avait déjà fait le coup pour Hina, mais cette fois-ci, elle était enceinte jusqu'aux yeux. Je lui ai même dit que ce n'était pas raisonnable.

— Tu veux dire que ma mère était enceinte de moi au moment de partir ?

— Mais oui, de sept ou huit mois. Je sais bien qu'il pouvait couvrir Papeete-Honolulu en trois semaines avec le *Varua*, mais quand même, j'étais inquiète, je lui ai dit. Il a juste souri, il m'a répondu qu'elle avait survécu aux quarantièmes rugissants et que Honolulu, c'était pas le cap Horn !

— Et elle, qu'est-ce qu'elle disait ?

— Elle n'a jamais aimé quitter le *fenua*, sa terre. Mais tu sais, Tumata, ton père, on ne pouvait pas lui dire non. Le voyage était organisé, tout était prévu. C'était comme ça, personne n'aurait eu l'idée de discuter. Et puis, tout s'est bien passé puisque tu es là !

— Alors, quand est-elle tombée malade ?

— Malade ?

Tehapai avait l'air étonné. Après un silence, elle se reprit :

— Ah, oui… Mais, pas cette fois-là. Quand tu es née, Philomène était encore très heureuse. C'est après…

— Après quoi ?

Elle soupira. Un *truck* passait sur la route. Elle attendit qu'il s'éloigne, rajusta le nœud de son *pareu*, vida le reste de la citronnade dans nos verres.

— Juste avant la naissance de Nona, elle a failli quitter ton père.

Elle regardait ses grandes mains posées sur ses genoux.

— Mais pourquoi ?

— Elle pensait qu'il la trompait.

— Avec qui ?

— Avec Poeura.

Poeura. La nounou qui nous avait accompagnées ensuite en Thaïlande, quand Robbie avait jugé Ah You trop malade pour faire le voyage. L'éternel scénario se répétait : mon père se lassait d'une femme, ou l'inverse, et en prenait aussitôt une autre. Sauf que, cette fois, la femme délaissée était ma mère, la mère de ses trois filles. Je retrouvai cette impression de vide, ce mélange de vertige et de nausée qui m'accompagnaient de plus en plus souvent dans ma quête du passé.

— Poeura, reprit Tehapai, était une belle fille, mais alors, c'était une vraie salope ! Nous autres, on ne l'aimait pas. Ton père l'avait trouvée pour s'occuper de Hina et de toi, parce que Philomène avait les mains pleines avec vous deux et son gros ventre en plus. N'oublie pas que Hina avait deux ans, et toi, à peine douze mois.

— Alors il la trompait vraiment ? Dis-moi !

— Franchement, je ne sais pas. Il avait acheté une Vespa à Poeura juste avant que ta mère accouche de Nona, en lui disant que c'était pour qu'elle puisse aller et venir de chez elle à la maison. Alors Philomène lui a demandé pourquoi il ne m'achetait pas aussi une Vespa, parce que j'habitais un peu loin. Il a répondu n'importe quoi.

— C'était quelque chose à l'époque, une Vespa, non ?

— Tu parles ! C'était aussi pour draguer. Toutes les filles rêvaient d'en avoir une, et les garçons encore plus !

— Alors, qu'est-ce qu'il a fait ?

— Il a renvoyé Poeura. Avec la Vespa.

J'eus presque envie de rire, en dépit de la tristesse que je ressentais. Il avait déjà fait la même chose avec Sally. Mais Sally, elle, n'était pas enceinte, et elle ne lui avait pas déjà donné deux enfants ! J'étais sûre que le renvoi de Poeura n'avait pas du tout rassuré ma mère.

— Je ne t'ai pas raconté la naissance de Nona ? reprit Tehapai. Elle est née à Ofaipapa, tu sais. C'était une nuit de tempête, la route était coupée à la Punaruu, la grande vallée qui avait encore sa grande rivière et son petit pont. Ils n'ont pas pu passer avec la voiture et ils ont été obligés de faire demi-tour.

— Alors c'est lui qui l'a aidée à accoucher ?

— Lui, le docteur du district et moi. Il m'avait demandé de rester ce soir-là, pour Hina et toi, puisque Poeura était partie, sans savoir que Philomène allait accoucher.

— Alors ?

— Ça a duré toute la nuit, la pauvre. Avec des éclairs et du tonnerre et une pluie pas possible. Moi, j'ai dit à Ropiti de la mettre accroupie par terre, comme on fait nous, au district. Tu t'accroches des deux mains au pied du lit et tu pousses, le bébé descend plus facilement. Mais évidemment, il n'était pas question pour lui de faire accoucher sa femme comme les sauvages ! Et puis elle souffrait trop pour discuter. Et elle lui faisait confiance. Ça a vraiment duré toute la nuit. Si seulement il m'avait écoutée… Bref, Nona est née à deux heures du matin. Ton père avait l'air si fier, et ta mère si heureuse ! Je suis sûre qu'elle pensait que ce bébé les rapprocherait, puisqu'ils l'avaient mis au monde tous les deux, ensemble.

Tehapai hocha la tête, pensive et résignée.

— Après, il a attendu que Nona ait deux ou trois mois et il a embarqué tout le monde sur le *Varua*, direction Honolulu.

— Il était vraiment dérangé…

— Non, pas du tout. Mais il était spécial, ça on peut le dire.

— Mais comment est-ce que Philomène pouvait s'occuper de deux enfants et d'un nourrisson sur un bateau ? Piho m'a raconté qu'elle avait le mal de mer la moitié du temps.

Je me souvenais aussi de mes premiers mois avec Kahi, cette impression d'être toujours débordée par les exigences d'un tout-petit…

— C'est là que tout s'est gâté, pendant ce voyage. Mais pas à cause des bébés. Je savais qu'il avait trouvé une nouvelle nounou, mais je l'ai vue le jour du départ seulement. Une Tahitienne, enfin, un peu demie, une belle rousse. Elle s'appelait Faustine. Quand je suis venue au quai pour vous couronner et que j'ai vu cette Faustine, j'ai compris tout de suite…

— Philomène ne t'avait pas prévenue ?

— Qu'est-ce que tu voulais qu'elle me dise ? Il y avait une nounou *api* pour vous, c'est tout. Elle était tellement innocente, elle faisait entièrement confiance à ton père.

Ça, je n'en étais pas si sûre. Si elle était si innocente, si confiante, pourquoi avait-elle demandé, et obtenu, le congédiement de Poeura ? Ou peut-être pensait-elle, dans sa naïveté, qu'elle pourrait tenir cette Faustine à l'œil sur le bateau ? Ou encore était-elle simplement aveuglée par le bonheur partagé avec lequel elle avait cru renouer depuis la naissance de Nona ?

— D'ailleurs, le jour du départ, je l'ai trouvée si heureuse, si belle avec ses trois bébés autour d'elle. Seulement voilà…

— Je t'écoute.

— Au retour, elle avait complètement changé. Mal peignée, négligée, elle ne parlait presque plus. Elle disait des choses sans suite, on n'y comprenait rien, on se demandait ce qui avait bien pu se passer. Ou bien elle s'agitait, elle pleurait, on aurait dit qu'elle souffrait mais qu'elle ne savait pas de quoi. Elle était malheureuse, c'est sûr. Elle s'accrochait à Nona, aussi : elle ne voulait même pas que je la prenne.

— Et Poppy, qu'est-ce qu'il disait ?

— Rien, Tumata, rien. Tu sais bien qu'il ne disait jamais rien. S'il s'était passé quelque chose entre eux, ce n'était pas à la cuisinière ni au jardinier qu'il allait l'expliquer.

— Alors ?

— Eh bien, le lendemain de leur retour, j'étais dans la cuisine, ton père m'a appelée pour que je les accompagne, lui et Philomène. On est allés à Faaone, sur la côte est, chez Papa et Mama Vitau. Philomène avait l'air bizarre, comme si elle avait ingurgité des médicaments pour dormir.

— Elle en prenait, avant ?

— Jamais ! Bref, quand on est arrivés chez Papa Vitau, ton père a essayé de tirer Philomène de la voiture, sans explications. Elle ne voulait pas descendre. Elle criait : *« Je veux mes bébés ! »* Je ne savais pas quoi faire. Ropiti m'a demandé de rester avec elle, et il est entré dans la maison. J'ai regardé Philomène, j'ai essayé de la raisonner, mais elle ne me répondait pas, elle me regardait par en dessous, comme si elle se méfiait de moi. Au bout d'un moment, Papa Vitau et Ropiti sont sortis de la maison et ils ont tiré de force Philomène de la voiture. Mama Vitau était restée sur le seuil. J'ai voulu les suivre dans la maison, mais dès qu'on est arrivés devant la porte, Ropiti m'a dit : « *Allez viens vite ! On s'en va.* » Et on est repartis. J'ai regardé derrière moi, Philomène courait après l'auto, et puis on a tourné sur la route et je ne l'ai plus vue. J'étais en colère, je ne me rappelle plus ce que j'ai dit à Ropiti, mais il m'a répondu : « *Elle est malade, c'est mieux pour les enfants si elle reste un peu à Faaone.* »

Tehapai se pencha et s'essuya les yeux du coin de son *pareu*. En relevant la tête, elle tenta bravement de sourire.

— Et je l'ai cru. C'est bizarre, hein ? Je l'ai cru. Peut-être que ça m'arrangeait de le croire. Comme ça, je n'étais pas obligée de voir la vérité.

— La vérité ?

— Au bout d'une semaine, Poeura est revenue pour s'occuper de vous.

Nous sommes restées silencieuses un bon moment. Tout commentaire aurait été superflu. La vérité, nous la savions toutes les deux : le loup avait fini par manger le Petit Chaperon rouge.

Pendant que Tehapai allait chercher un autre pichet de citronnade, je sortis de mon sac un paquet de photos trouvées dans le coffre de mon père. Sur l'une d'elles, ma mère était assise sur une natte de pandanus, coiffée d'une couronne de fleurs, les jambes repliées sur le côté, son *pareu* noué autour du cou, l'air affairé.

Tehapai poussa un cri de plaisir en voyant tous ces clichés. Elle se souvenait du moment et de l'endroit où elles avaient été prises.

— Là, tu vois, on avait acheté du thon au marché et on était dans la cuisine quand Ropiti est venu avec son appareil. Il voulait faire des photos de nous en train de préparer le poisson cru. Philomène a dit : *« Pas dans la cuisine quand même ? »* et lui, il a répondu : *« Où ça, alors ? »* Elle a filé chercher un *pe'ue*, elle l'a déroulé sur la pelouse, et moi j'ai apporté le poisson, le saladier et un couteau pendant qu'elle arrangeait des fleurs autour pour faire joli.

Ma mère, comme tant de Tahitiennes, n'était jamais aussi heureuse que lorsqu'il fallait arranger un décor de fleurs ou de feuillages. *Faanehenehe*, faire joli, décorer, le prélude à toutes les fêtes. Et les plus simples moments de la vie peuvent être une fête.

Soudain, Tehapai saisit une photo et me la tendit.

— La voilà, Faustine ! Celle qui est partie avec vous à Honolulu juste après la naissance de Nona !

C'était une belle Polynésienne, aux traits fins, les yeux en amande, le nez pas trop large, les lèvres pleines. Ses cheveux, longs et ondulés, lui descendaient jusqu'aux hanches. Elle était en train de placer un gros hibiscus sur son oreille et regardait le photographe droit dans les yeux avec un air de défi, de dédain peut-être. Mais je ne me rappelais pas ce visage.

– Cette Faustine-là ! (Tehapai eut un reniflement de mépris.) Quand j'étais sur le quai pour vous attendre, à votre retour de Honolulu, c'est elle qui est descendue la première. Elle a d'abord jeté ses affaires depuis le bateau, juste des robes nouées dans un *pareu*, et elle a traversé la passerelle en tortillant ses fesses sans même me dire bonjour. Elle a ramassé son baluchon et elle est partie en criant des gros mots à ton père, comme quoi il allait le regretter…

— Qu'est-ce que ça voulait dire ?

— Je n'ai jamais vraiment su. En tout cas, il s'était passé quelque chose pendant ce voyage, et Faustine était dans le coup. Heureusement, elle a disparu après ça. Elle s'est tout de suite trouvé un autre Américain plein de sous et elle est partie avec. Mais, à ce qu'il paraît, elle a quand même eu le temps de raconter des tas de vacheries sur ton père… *Aue !*

Tehapai envoya Faustine aux oubliettes d'un revers de la main.

— Qui d'autre était avec nous sur le *Varua*, cette fois-là ?

— Je crois bien qu'il y avait un seul matelot. Un certain Marato. D'habitude, Ropiti en emmenait toujours deux, mais le deuxième avait fait faux bond au dernier moment. Ton père a estimé que ce n'était pas grave, qu'avec Faustine et Ah You ils se débrouilleraient.

— Tu sais où il est, ce Marato ?

— Tu veux le voir ?

— Tu ne penses pas qu'il pourrait savoir ce qui s'est passé pendant le voyage ?

Tehapai regardait ses grandes mains posées sur ses genoux. Elle devait avoir envie de me dire : « Mais enfin, ma fille, tu es idiote ou quoi ? Tu veux vraiment qu'on te fasse un dessin ? » Mais elle se contenta de préciser, sans lever les yeux :

— Il paraît qu'il est retourné chez lui, à Bora-Bora.

Je me demandais s'il n'était pas temps pour moi de partir. Tehapai avait reposé les photos. Puis elle se remit à parler, doucement, toujours sans me regarder.

— Un jour, peut-être une semaine après qu'on l'avait emmenée chez Papa Vitau, Philomène est revenue pour vous voir. J'étais dans la cuisine avec Hina et toi, Poeura était dans la chambre avec Nona. J'ai vu ta maman entrer par le portail, pieds nus. Elle avait l'air épuisé, les jambes tout écorchées. Quand elle vous a aperçues, elle s'est mise à pleurer. Elle n'arrêtait pas de crier : *« Mes bébés, mes bébés ! »* Vous êtes allées toutes les deux vous accrocher à sa robe, et vous vous êtes mises à pleurer aussi.

Je revoyais une main, la mienne, crispée sur une robe de coton pendant qu'un sanglot montait dans ma gorge. Ce n'était pas vraiment une image nette. Seulement l'ombre de l'ombre d'un chagrin d'enfant.

— Elle pleurait si fort. Elle s'était enfuie de chez Papa Vitau et elle avait marché toute la nuit. Elle avait dû se cacher dans les fossés, je ne sais pas... Un *truck* avait fini par la ramasser.

— Mon père était présent, ce matin-là ?

— Oui, et il était furieux. Il a demandé à Poeura de s'occuper de vous deux, il a attrapé Philomène, l'a poussée dans la voiture et l'a ramenée à Faaone. Il ne m'a pas demandé de l'accompagner, cette fois-ci. Une fois là-bas, Papa et Mama Vitau ont tellement eu peur qu'elle s'échappe encore qu'il paraît qu'ils l'ont attachée à un arbre.

— Quoi ?

— C'est des voisins qui me l'ont dit. Ils avaient pitié parce qu'elle n'arrêtait pas de pleurer et de crier, attachée à son arbre. Ils ont menacé qu'ils allaient prévenir les gendarmes, alors *Papa-ma* – papa et les autres – l'ont détachée. Mais elle s'est enfuie encore, et pour finir ils l'ont ramenée eux-mêmes chez Ropiti. Papa Vitau en voulait vraiment à ton père. J'étais là. Quelqu'un les avaient emmenés en voiture, Philomène était à l'arrière, sa figure toute bizarre, les cheveux dans tous les sens.

J'ai couru chercher ton père. Il était dans son bureau. Je lui ai dit : « *Ropiti ! C'est* Papa Vitau-ma, *ils ont ramené Ah You.* » Il s'est levé d'un coup. Il était énervé.

De nouveau ce vertige, cette nausée. J'aurais voulu pleurer, mais j'avais les yeux secs.

— J'ai entendu leurs voix, comme s'ils s'engueulaient. La grosse voix de Papa Vitau qui criait : « *C'est ta femme, c'est la mère de tes gosses, c'est toi qui t'occupes d'elle !* » Et Ropiti qui essayait de le calmer : « *Ce n'est pas bon pour les enfants qu'elle reste ici, tu comprends bien...* » Et Papa Vitau : « *C'est pas mon problème, tu la gardes !* » Les portières de la voiture ont claqué. J'ai vu Philomène qui courait vers la maison, Ropiti qui la suivait. Le lendemain, il l'a emmenée à Papeete dans sa famille chinoise. C'est Tatie Augustine, sa grande sœur, qui l'a prise avec elle.

Je commençais à me demander si j'aurais le courage d'écouter cette histoire jusqu'au bout. Mais c'est bien pour ça que j'étais venue. Je voulais des précisions ? J'étais servie.

— À ce moment-là, j'ai vraiment eu envie de partir, de laisser Ropiti se débrouiller avec cette Poeura qui me faisait aussi mauvaise impression que Faustine. Mais justement, je ne pouvais pas vous abandonner seules avec elle, vous les trois bébés. Ce n'est pas parce qu'elle couchait avec ton père que j'allais lui donner ma confiance ! Qu'est-ce qu'on pouvait faire, nous autres, les Vitau, sa tante Augustine, la sœur de sa mère, et toute sa famille ?

— Alors, Augustine l'a prise avec elle ?

— Elle a posé une condition : que ton père leur laisse Nona, au moins quelque temps. Elle pensait que c'était mieux pour Philomène d'avoir le bébé avec elle – Nona n'avait pas encore un an. Ropiti a accepté. Il était en train de préparer son voyage en Thaïlande – c'était aussi pour la filariose et tout ça. Mais au bout d'un mois ou deux, dès qu'il a été prêt à embarquer, il est revenu chez Augustine chercher Nona, et vous êtes parties toutes les trois avec lui sur le *Varua* le lendemain.

— Et notre mère est restée avec Augustine ?

— Oui.

— Et Poeura est venue avec nous comme nounou ?

— Oui. C'était encore un numéro, celle-là, du genre à se balader toute nue, ou presque, sur le bateau. C'est mon cousin Tino qui me l'a raconté. C'était lui le cuisinier à bord, cette fois. Je crois que Ropiti ne faisait pas vraiment confiance à Poeura, parce qu'il avait aussi emmené une autre nounou qui s'appelait Nina. Mais c'est vrai que trois bébés, sur un bateau, ça fait du travail au moins pour deux !

— J'ai beau chercher dans ma mémoire de gosse, je ne me rappelle vraiment rien de ce voyage.

— D'après Nina, il paraîtrait qu'une fois arrivé en Thaïlande Ropiti a épousé une princesse, ou une danseuse du palais royal, mais ça doit être la même chose, et que ça aurait provoqué un vrai scandale ! Même que le prince aurait appris la chose, et qu'il aurait fait annuler le mariage. Toute l'équipe du *Varua* a été obligée de quitter le pays plus vite que prévu…

On passait de la tragédie à la farce. Une princesse, un mariage secret, Robbie avec les gardes du palais aux trousses, hissant l'ancre en toute hâte avec l'aide du cuisinier Tino, sous un grand pavois de couches-culottes…

— Et Poeura, dans tout ça ? Elle a dû lui faire des scènes terribles.

— Pas du tout, et pour une bonne raison : elle était déjà repartie. Ropiti avait dû se disputer avec elle pendant le voyage et lui demander d'arrêter de se promener toute nue devant tout le monde. Ou alors elle était *fiu* de laver des couches. Bref, elle a repris un bateau dans l'autre sens le jour même de leur arrivée en Thaïlande. Je t'ai dit que c'était une sacrée nana. C'était la première fois qu'une femme faisait ça à ton père. Jaloux comme il était, ça a dû le rendre furieux.

— C'est bizarre, je n'avais jamais imaginé mon père jaloux.

— Oh ! là, là ! Plus elles étaient garces, plus il était jaloux. Tous les hommes sont comme ça, tu sais bien.

Ce voyage, je l'apprendrai plus tard, a été celui de toutes les catastrophes. Partis de Tahiti le 29 juin 1956, nous sommes arrivés en Thaïlande le 16 décembre dans un état lamentable : tout le monde avait la dysenterie. C'est le 5 janvier 1957 que Robbie a chassé Poeura et l'a réexpédié par *Cathay Pacific*, direction Singapour d'où elle a rejoint Tahiti. Le 31 mars, Hina souffrait d'une péritonite aiguë et dut être opérée d'urgence. Le mois d'avril a été chaotique : je me réveillais la nuit en hurlant, en proie à des cauchemars. Le 20 avril, je suis tombée d'un pont sur des cailloux et on m'a recousue à la tête sans anesthésie. Nous sommes partis de Bangkok le 5 juin, et c'est le mercredi 11 septembre, au large de Fanning Island, que mon père a reçu un télégramme de Tahiti annonçant la mort de ma mère presque deux mois plus tôt, le lundi 22 juillet. Nous sommes entrés en rade de Papeete le 1er octobre…

— Et alors, pendant qu'on était en Thaïlande, que s'est-il passé avec Philomène ?

— Quatre ou cinq jours après votre départ, quand elle a vu que Robbie ne lui ramenait pas Nona – il le lui avait pourtant promis –, elle est revenue à pied à Ofaipapa. Comme la première fois, vingt-cinq kilomètres pieds nus. Pendant ce temps-là, Augustine et son fils Ah San la cherchaient partout en ville. Et c'est là qu'elle est vraiment devenue folle, je pense, quand elle a vu que Robbie était parti avec ses trois bébés sans rien lui dire. Elle croyait qu'il ne reviendrait jamais, qu'elle ne vous reverrait plus.

Mon père était célèbre à Paea pour avoir sauvé la vie d'une femme, un soir : il avait entendu des cris sur la route et il était sorti. Un type plus ou moins saoul était en train de courir après sa femme, une machette à la main. Sans hésiter, il s'était jeté sur l'ivrogne et l'avait désarmé. Ainsi, il était prêt à risquer sa vie pour une inconnue, mais incapable de voir qu'il condamnait à la pire des souffrances la mère de ses propres enfants ? Comment pouvais-je accepter cela ?

— Ropiti m'avait demandé de surveiller la maison pendant votre absence, alors j'allais à Ofaipapa tous les deux jours jeter un coup d'œil, ramasser les feuilles, donner un coup de balai. J'ai trouvé Philomène devant le portail, maigre, sale, l'air perdu. Elle n'arrêtait pas de répéter : *« Où sont mes bébés ? »* Elle pleurait, elle regardait dans tous les coins, elle vous cherchait. Je l'ai calmée du mieux que j'ai pu, je lui ai fait prendre une douche, je lui ai expliqué que vous étiez tous partis en Thaïlande, que vous alliez revenir. Le lendemain matin, je l'ai trouvée assise devant la mer. Elle ne m'a plus dit un mot.

J'allais demander à Tehapai pourquoi elle n'avait pas appelé un médecin, mais je me retins juste à temps : nous n'avions pas le téléphone. En cas d'urgence, il fallait aller à la mairie, ou chez le *muto'i*, le garde municipal. Et y avait-il seulement un dispensaire à Paea, à l'époque ?

— Je ne savais vraiment pas quoi faire. Alors je suis allée voir un *tahu'a*. C'était notre coutume, tu comprends.

Elle tortillait son *pareu* entre deux doigts, l'air coupable d'avoir eu recours à un sorcier.

— Parce que la première chose à laquelle j'ai pensé, c'est qu'il y avait un *pifao* sur Ofaipapa. Tout le monde savait que Ropiti avait trouvé plein de *tiki* dans la vallée. Et il les avait amenés à la maison. Nous, on ne va jamais toucher un *tiki,* même si on en trouve un. Bref, je vais chercher mon *tahu'a*, il fait le tour de la maison, il inspecte tous les *tiki* et il me dit comme ça qu'il n'y a pas de problème. Pas de *pifao*, pas de *varua ino*.

— Et pour Philomène, il t'a donné un *ra'au*, quelque chose à boire, des plantes, des racines ?

— Rien, il ne pouvait rien faire pour elle. Avant de partir, il a pris des feuilles de *ti*, il a tapé par terre devant chaque *tiki* en marmonnant des prières, et c'est tout. Mais le lendemain…

Elle fit une pause, puis me regarda droit dans les yeux.

— Tu sais, les quatre *tiki* que ton père avait cimentés à côté de son bureau, ceux qu'on appelait la famille ?

— Oui, bien sûr. Ils sont toujours là, tu sais.

— OK, le papa, la maman et les deux enfants. À l'époque, il n'y avait que le couple. Ton père a trouvé les deux autres *tiki* plus tard. Il y avait un bol en pierre devant, où ta mère mettait toujours des fleurs.

— Oui, nous aussi, quand on y pensait…

— Alors, le lendemain de la visite du *tahu'a*, j'étais en train de balayer la cuisine, je sors pour secouer l'essuie-pieds et je regarde vers les *tiki* : il en manquait un.

J'aime mieux te dire que j'ai eu peur ! J'avais les genoux en coton ! Je m'approche...

En vraie conteuse tahitienne, Tehapai ménageait ses effets. Elle attendait ma question. Je ne pus m'empêcher de la formuler.

— Alors ?

— C'était la maman *tiki*. Elle avait disparu. J'ai d'abord cru qu'on l'avait volée. Je suis allée chercher le jardinier. Tu sais, Everett, et il a dit : « Non, regarde, on n'a rien cassé. » Alors on a cherché autour, dans le jardin, et c'est là qu'on a vu la statue couchée sous le frangipanier. Philomène était dans l'ombre, derrière nous, elle pleurait. Quand on s'est approchés, elle a dit : « Les *tiki*, on a séparé les *tiki*, et les fleurs du tipanie sont tombées sur moi quand je dormais. » Everett a pris la maman *tiki* et il est allé la remettre à sa place, et Philomène a remis des fleurs dans le bol.

J'eus une vision : mon rêve de Noël, ma mère debout sous un frangipanier, la pluie de fleurs sur la tombe fraîche. Ces choses avaient-elles une signification ? Mais les événements m'importaient plus que les rêves.

— Et ensuite ?

— Ensuite, je suis restée à Ofaipapa avec elle quelques jours. Je suis sûre que ton père aurait été très en colère s'il l'avait su. Mais je m'en fichais. J'étais furieuse après lui. Mais avec Philomène, c'était plus comme avant, elle continuait de pleurer sans arrêt, elle parlait de ses filles tout le temps, j'étais désemparée. Et puis je n'avais pas d'argent, et il fallait bien qu'on mange, toutes les deux. Alors j'ai fait une chose que je regretterai toujours.

— Qu'est-ce que tu as fait, Tehapai ?

— Je suis allée voir M. Crighton. Cet homme-là, il s'occupait des affaires de ton père quand il était en voyage, comme le courrier, l'électricité, le jardinier, tout ça… Je suis allée le voir pour lui dire que Philomène était revenue à Ofaipapa et qu'on avait besoin d'acheter de la nourriture. Il m'a donné quelques billets, mais deux jours plus tard il est venu chercher Philomène et il l'a fait enfermer à Vaiami.

De grosses larmes roulaient sur les joues de Tehapai. Elle me regardait droit dans les yeux, désarmée, impuissante.

— Je n'aurais jamais dû demander de l'aide à M. Crighton. J'aurais pu me débrouiller. Mais j'ai pensé que ça serait plus facile si on avait des sous pour manger…

— Ce n'est pas de ta faute. Tu as fait pour le mieux.

— Enfin, heureusement, Augustine est allée la chercher à Vaiami au bout d'un moment et elle l'a reprise chez elle. Elle allait un peu mieux. J'allais la voir quand je pouvais, mais entre-temps j'ai trouvé un travail chez un amiral bien connu à l'époque. Et là, c'était plus difficile. Je sais que Ah San et Augustine avaient eux aussi leurs occupations, même si Augustine ne travaillait pas. Alors, tu comprends, quand ils n'étaient pas là, ta mère allait sur le port, elle cherchait le *Varua* sur le quai. Elle faisait de l'auto-stop pour retourner à Ofaipapa. Tous les voisins le savaient : *« Ah, voilà Philomène qui s'est échappée ! Il faut vite le dire à Ah San, prévenir Augustine ! »*

Tehapai se mit à pleurer à chaudes larmes. Je lui pris la main, un peu surprise moi-même de materner cette grosse mama. En même temps, j'avais cette sensation de vide en moi qui me soulevait le cœur, mais il n'était pas question que je me laisse aller.

— Tu l'as revue ?

Elle s'essuya les yeux de la paume des deux mains et se moucha.

— Jamais. C'est pour ça que je m'en veux tellement. Je l'ai revue seulement pour faire sa toilette avant de la mettre dans son cercueil. Quand elle est morte à Vaiami, Augustine m'a fait appeler : les Chinois, ils croient que ça porte malheur de toucher un mort, alors c'est moi qui l'ai habillée. Après, il y a eu une petite cérémonie dans la chapelle de la rue de l'Évêché. J'avais honte, tu sais : son cercueil, c'était quatre planches. Une caisse, pas plus.

À l'enterrement, ils étaient trois : Tehapai, Ah San et Augustine. Tehapai assise à l'arrière de la charrette, les jambes pendantes à côté du cercueil, Ah San et Augustine qui suivaient sur leurs vélos. Il avait fallu traverser ainsi toute la ville. Tout le monde était au courant, bien sûr, et les commerçants chinois rentraient dans leurs boutiques et tiraient leurs rideaux dès qu'ils entendaient les sabots du cheval. Les deux fossoyeurs les attendaient en haut du nouveau cimetière catholique, derrière l'église de Faa'a, en face de l'aéroport. Tehapai m'apprit ainsi que ma mère était catholique. À vrai dire, la question ne m'avait jamais préoccupée. Mais voilà encore une chose que notre père ne nous avait jamais dite, et que nous avions peut-être le droit de savoir.

— Augustine avait un petit chien blanc, continuait Tehapai, et il courait dans nos pieds autour de la tombe, embêtant tout le monde. Quand les hommes ont descendu Philomène dans la fosse, il s'est mis à hurler à la mort, et il a continué tout le temps qu'on rebouchait le trou. J'avais apporté une couronne de *tiare* et je l'ai posée sur la tombe. Quand on est repartis, le chien est resté là-haut, assis à côté de la couronne, et il a continué à pleurer.

Des mois plus tard, Hina resterait assise sur les marches devant la maison, sans comprendre, tenant sur ses genoux le cadeau qu'elle avait rapporté pour une maman enterrée depuis longtemps.

J'étais au-delà du chagrin, moi aussi dans une incompréhension totale, la tête pleine de ces images pitoyables, mais bourdonnante d'un silence assourdissant.

Tehapai ne parlait plus. Elle tenait ma main serrée dans les siennes, le visage tourné vers la route. Elle avait enfreint le tabou et s'en voulait peut-être d'avoir en quelque sorte trahi mon père, ou du moins la loi du silence qu'il avait édictée. Quand elle se retourna vers moi, son visage était redevenu souriant, presque serein. Je me dis qu'au fond elle devait être soulagée, qu'en lui donnant l'occasion de s'épancher je l'avais peut-être aidée à apaiser ce remords qu'elle venait de confesser, avec cette petite sœur *fa'a'amu* qu'elle se reprochait encore d'avoir abandonnée, avec ce passé si confus et à bien des égards incompréhensible.

Nous sommes restées serrées dans les bras l'une de l'autre pendant un long moment. À la barrière, je lui fis promettre d'aller voir le docteur au dispensaire pour qu'il soigne son gros pied et lui donne des *ra'au popa'a*[1]. Elle acquiesça pour me faire plaisir, ajoutant aussitôt qu'elle n'en souffrait pas. Sa silhouette lourde m'accompagna un moment dans le rétroviseur : elle était debout à la barrière, toujours souriante, la main levée.

1. Médicaments courants qu'on trouve en pharmacie : il y a les *ra'au tahiti*, composés de plantes et de graines du cru, et les *ra'au popa'a*, importés par les Occidentaux.

## La « chose »

Sur le chemin du retour, en bordure de la route, je m'arrêtai à l'étal d'un pêcheur à qui j'achetai des poissons frais suspendus à un cadre de bois improvisé. D'année en année, les carangues étaient plus petites, il n'y en aurait bientôt plus dans le lagon. Kahi devait m'attendre à la maison et avoir faim. Je décidai d'inviter Roland, mon doux *tané api*, à dîner avec nous. Nous nous connaissions depuis six ans. Je l'avais délaissé ces derniers temps, or il me semblait faire un père tout à fait acceptable pour Kahi. Aucune promesse, aucun engagement ne nous liait. Contrairement à mes sœurs, je ne me suis jamais mariée, même pas avec le père de mon fils. J'ai eu des hommes dans ma vie et, si je les ai aimés, je n'ai jamais ressenti le besoin de régulariser notre relation, ni de la consacrer par un quelconque rituel. Parfois, je me demande si je ne reproduis pas le destin de mon père – à moins que je n'essaie à tout prix d'échapper à celui de ma mère ? Est-ce que je « jette » les hommes de ma vie une fois que j'ai obtenu d'eux ce que je veux ? Ou bien est-ce moi qui crains d'être abandonnée et qui, pour cette raison, ne permets à aucun d'eux de m'approcher de trop près, ni trop longtemps ? Ai-je tiré les leçons de la vie de ma mère, ou alors n'ai-je rien compris à celles de mon père, qui auraient dû pourtant m'éclairer ?

Mes premières amours, je les ai vécues à la fin de l'adolescence, après que Poppy, désargenté à force de grignoter son capital, se fut mis en tête de nous enseigner la danse. Les séances se déroulaient chez la belle et très fameuse Paulina, dont je me demande s'il n'était pas tombé amoureux. J'ai pensé un moment qu'il comptait ainsi, bien qu'il nous ait élevées de la manière la plus stricte, nous faire danser sur scène le *'ori tahiti*, l'une des danses les plus provocantes du Pacifique, pour arrondir ses fins de mois, en devenant notre imprésario… Avec le recul, l'hypothèse ne tient pas debout, et j'ai maintenant la certitude qu'il cherchait simplement à nous occuper. Au reste, il n'y a rien de vulgaire ni d'obscène, à mes yeux, dans la danse tahitienne : il s'agit, comme toutes les danses du monde, d'un rituel de séduction. Mais, chez nous, la danse baigne dans une sensualité souriante et un érotisme sans hypocrisie qui avaient jadis scandalisé les missionnaires anglicans. Cet apprentissage était-il, pour mon père, une façon de nous transmettre un peu de sa fascination et de son amour pour les îles ? Quoi qu'il en soit, une fois par semaine, Paulina nous initiait aux finesses des *aparima* et des *ote'a*, les deux piliers de la danse traditionnelle, pendant que Robbie nous attendait dans la voiture en lisant un magazine.

Notre numéro à trois, avec la troupe de Paulina, dans les hôtels où nous nous produisions, connut vite un grand succès. Les gens venaient de partout pour voir danser « les sœurs Robinson » et les journaux locaux publiaient des photos de nous. Nous étions célèbres dans notre île ! Comme nous ne franchissions les remparts d'Ofaipapa que pour nous produire en public, la rumeur circulait que mon père avait fait électrifier le mur de la propriété et qu'il montait la garde derrière le portail avec un fusil pour protéger ses trois beautés...

Nous entendions les autres danseuses parler de leur vie, de leurs petits copains, de leurs *tane*, avec une liberté qui nous troublait. Mais nous étions tout ouïe et apprenions vite. Le haut mur d'Ofaipapa et la surveillance jalouse de notre père ne purent nous empêcher de devenir femmes.

À dix-huit ans, je tombai « sérieusement » amoureuse de l'un des rares garçons qui passaient parfois à la maison. Patrick était un *demi* que je trouvais d'une beauté extraordinaire. C'était le cousin de June, la fille d'une femme dont mon père avait sans doute été épris... Bref, nous étions là en terrain connu et mon père s'accorda avec les parents de Patrick pour que nous puissions nous voir en tout bien tout honneur, chez lui ou chez nous. Jusqu'au jour où Patrick me déclara son amour. Nous passâmes alors de longs moments à nous tenir par la main et à échanger des confidences les yeux dans les yeux. J'étais sur un nuage, mais lui était parfaitement frustré. Innocente, ignorante des choses de l'amour, je ne comprenais pas du tout ce qu'il attendait de moi. J'avais, certes, vu les poules, les canards, les oies, les lapins, les cochons d'Inde et les perruches s'accoupler dans la grande basse-cour grillagée que Poppy avait aménagée pour nous et que nous appelions « le zoo », mais à dix-huit ans, je n'avais aucune idée sur la façon dont les êtres humains s'y prenaient pour s'aimer. Le jour où Patrick glissa sa langue dans ma bouche, je fus prise de panique. Notre grand amour dura un été. Puis Patrick retourna en France, où il étudiait.

C'est après son départ que j'ai formé mon premier groupe de danse. Hina avait assez rapidement trouvé un compagnon et vivait avec lui. Mes deux petites sœurs avaient quitté Tahiti et poursuivaient leurs études, agrémentées d'un certain nombre de conquêtes, en Amérique. L'année de mes vingt ans, mon père eut une première attaque cardiaque. Comme je ressentais l'urgence de devenir autonome, j'appris à taper sur sa vieille machine à écrire et à conduire. Mais je prenais les choses au jour le jour, comme une vraie Tahitienne, sans aucun projet d'avenir. Pourtant, j'avais de l'énergie et de la discipline à revendre, si bien que ma petite troupe de danse devint le prolongement de ce que mon père avait voulu pour nous. La vie que je menais alors me satisfaisait plutôt. Je n'éprouvais pas le besoin d'avoir un homme à mes côtés, et des enfants encore moins. Ce qui n'a rien de surprenant si l'on considère que nous n'avions guère connu l'exemple d'une vie de famille traditionnelle.

Quand je rencontrai Dominique, un photographe, le futur père de mon enfant, Poppy se montra plus que réticent. Nous nous mîmes cependant « en ménage », mais les choses se gâtèrent assez vite. Trois ans après la naissance de notre fils – ce qu'il m'a laissé de meilleur –, nous nous séparions.

Pauvre Kahi ! À peine né, je l'emmenais partout avec moi. Il est étonnant que cet amour dont je l'ai étouffé – celui, sans doute, que je n'ai pu recevoir de ma mère – ne lui ait inspiré qu'une absolue confiance. Je le traînais avec moi dans un grand panier de pandanus chaque fois que je sortais danser avec ma troupe. Quand je montais sur scène, je le laissais sur un matelas de jupes en écorce, nos *more,* empilées au bord de la coulisse, de façon à pouvoir le surveiller du coin de l'œil tout en dansant ! Un soir, il avait un an, il se réveilla et m'aperçut au centre de la scène : à quatre pattes, il vint me rejoindre sous les projecteurs et s'assit à mes pieds, tirant de temps en temps sur mon *more* tout en éclatant d'un rire sonore, ses grands yeux bruns fixés sur moi et ses boucles blondes en désordre.

Quand je pense à toutes les choses que j'ai imposées à mon fils, je suis émerveillée de le voir d'un tempérament aussi égal et équilibré. Il s'est montré capable de surfer sur les crêtes et dans les creux de ma vie avec une facilité, une grâce et une maturité surprenantes pour son âge. C'est pourquoi je devais être claire avec moi-même, si je voulais continuer à être claire avec lui. Et cette quête de ma mère dans laquelle je m'étais lancée, c'était donc aussi pour mon fils. Car il fallait bien que je sache qui Philomène avait été si je voulais savoir qui j'étais. À mesure que j'avançais dans mes recherches, il devenait de plus en plus évident que mon père, le prince charmant que j'avais imaginé, enfant, était peut-être en réalité le loup du conte, qui aurait dévoré non seulement la grand-mère, mais aussi toute une ribambelle de Petits Chaperons rouges pour satisfaire son immense appétit. Il était trop tard désormais pour faire marche arrière : il fallait que j'aille jusqu'au bout de mon enquête et de mon récit, même si cela signifiait que l'hypothèse que je ne cessais de ressasser – la pire – était juste, et que je pourrais bien me retrouver à intenter le procès de mon père, comme le redoutaient mes sœurs. Trop tard aussi pour reculer si mon hypothèse était fausse. Philomène avait-elle été, vraiment, la Belle innocente dévorée par la Bête ?

Arrivée à la maison, je pris une douche. Je m'habillais lorsque j'entendis la voiture de Roland se garer dans la cour. Il entra et me cria à travers la porte :

— Tu avais du courrier dans ta boîte !

Je découvris plusieurs enveloppes, dont une assez volumineuse.

— Je lirai ça à tête reposée. En attendant, dînons ! Kahi va à l'école demain.

Je m'affairai à la cuisine en bavardant avec Roland et avec mon fils, qui me donnaient un coup de main. Une fois Kahi couché, je me calai dans un fauteuil pour éplucher le courrier.

— Tu veux que je te laisse seule ? demanda Roland.

— Non, au contraire. Reste. Passe la nuit ici, si tu peux.

Roland me sourit et tendit une main qu'il posa sur la mienne.

— Je peux. Si tu as besoin de moi, je suis dans le *fare pote'e*.

Il se leva, se versa un verre de vin et sortit dans le jardin.

Dans l'enveloppe, avec le journal de bord de mon père, je trouvai une lettre de Kenneth. Elle était brève, chaleureuse et précise. Il se souvenait d'être allé à bord du *Varua* la dernière fois que ma mère avait fait le voyage à Honolulu, juste après la naissance de Nona, lorsque Faustine était à bord.

*« Mon agenda me dit que c'était le 9 octobre 1955, et vous étiez amarrés au* Waikiki Yacht Club. *Je me souviens de vous avoir vues toutes les trois, et d'avoir aperçu Philomène brièvement, mais ton père ne nous a pas présentés et je me rappelle bien nettement avoir pensé qu'il s'agissait d'une domestique. Elle est venue sur le pont, elle portait des colliers de coquillages, elle nous a servis sans rien dire. C'est le ton sur lequel Robbie lui parlait qui m'a fait penser qu'il s'adressait à une domestique.*

*Plus tard, lorsque son second livre est sorti avec toutes ces photos d'elle, j'ai compris qu'il s'agissait de ta mère. Je ne les ai jamais revus, bien que nous les ayons invités à dîner chez nous après cette visite sur le* Varua. »

Mes yeux s'emplirent de larmes. Roland revint, son verre à la main, et s'arrêta sur le seuil.

— Ça ne va pas ?

Je lui tendis la lettre de Kenneth. Il la parcourut rapidement.

— Je ne peux pas y croire...

— Écoute, Tumata, tu te doutais bien que tu allais trouver des choses difficiles à avaler.

— Mais pourquoi ce genre d'humiliation gratuite ?

— On ne sait jamais ce qui se passe dans un couple. Kenneth a peut-être débarqué juste après une scène de ménage, et il devait y avoir un froid entre eux. Et puis il y avait la fameuse Faustine, va savoir comment cela se passait entre eux à ce moment-là...

— Quand même, Philomène était la mère de ses gosses ! Il aurait pu au moins lui montrer un minimum de respect en public !

Roland me tendit un mouchoir. Je n'avais jamais été amoureuse à la folie de personne, gardant toujours une certaine distance. Aurais-je été différente si j'avais pu voir mes parents se montrer de la tendresse, de l'amour, du respect ? En tout cas, Roland me prenait comme j'étais. Et je commençais à éprouver une véritable reconnaissance envers lui. Je l'embrassai et il ressortit avec le magazine qu'il était venu chercher.

J'ouvris le journal du *Varua* que Kenneth avait, comme il me l'avait dit au téléphone, récupéré à bord après la vente du bateau. L'écriture de mon père était lisible, mais petite, et je dus m'installer sous la lampe.

« *27 septembre 1955. Vingt-deux heures. Les deux vahinés chantent, il y a même une guitare maintenant.* »

Il y avait donc eu un moment où Faustine et ma mère s'entendaient bien. Je sautai des pages. « *13 octobre : pris l'avion pour San Francisco, puis New York. 11 novembre : Retour à Honolulu.* »

Il était donc parti un mois, laissant Faustine et Philomène seules avec les trois bébés sur le bateau pendant qu'il allait voir sa mère à Boston et discuter de la vente de ses livres avec son agent à New York. Il ne restait que le marin Marato pour veiller sur elles…

« *Mardi 12 décembre, Hina et Tumata vont à l'école pour la première fois.* »

Bizarre. Pourquoi nous avait-il envoyées à l'école – j'imagine qu'il s'agissait plutôt d'une crèche ou d'une garderie – treize jours avant Noël ? Sans compter que Hina avait tout juste deux ans, et moi à peine un an et demi. Ma mère était-elle déjà « malade » au point de ne plus pouvoir s'occuper de nous ? Je continuai, mais le passage suivant était daté du 19 février 1956, soit huit semaines plus tard. Deux mois sans rien écrire, voilà qui ressemblait peu à mon père, qui tenait toujours un compte méticuleux des événements à bord, comme de ceux de toute son existence terrestre.

« *19 février : ce matin, plusieurs crises violentes culminant à treize heures lorsqu'elle se jette sur le sol en gémissant devant Hina et moi. Appelé le Dr Logan devant qui elle se comporte de façon assez rationnelle, mais parle de façon confuse, joue une espèce de comédie prudente, dit oui et non de façon soumise, et finit par accepter sa piqûre calmement. Lorsque je suis entré, elle m'a fait des réponses bizarres, m'a dit qu'elle avait rêvé que des fleurs tombaient sur elle, il y a de cela un mois environ, sans aucune raison. Depuis combien de temps se doute-t-elle de la chose ? Depuis le début du voyage ? En tout cas, pas à Tahiti. Elle s'est remise à pleurer, le visage plein de tics, puis s'est calmée ensuite. »*

« Depuis combien de temps se doute-t-elle de la *chose* »… Ces mots me crucifiaient. La *chose* n'était rien d'autre que la cause de sa grave dépression.

*« 20 février : sanglots violents, plaintes et gémissements, puis elle se roule à terre. Tout ce qu'elle dit d'intelligible c'est que je l'ai fait souffrir. Plus tard, elle se lance dans une vraie crise de nerfs devant Marato et moi ; se précipite à la cuisine en disant qu'elle va chercher le couteau. Marato et moi parvenons à la calmer dans le carré. Elle se tait pendant le déjeuner jusqu'à ce que je fasse une remarque anodine sur la bonne qualité du repas. Alors elle se met à sangloter et fait une nouvelle crise. Plus tard elle a essayé de donner le sein à Nona. Je lui ai donné une Thorazine et ensuite un somnifère qu'elle a pris sans faire trop de difficultés.*

Je comptais bien demander au Dr Andréa ce qu'était cette Thorazine…

*« 22 février : elle ne mange pas vraiment bien, mais elle prend son médicament. L'infirmière vient l'après-midi. Dit que Philomène semble assommée par les drogues, trop de calmants. Décidé de limiter à une seule dose et oublié de la lui donner au dîner. Lui ai donné un somnifère plus tard. Sans résultats. Un autre à minuit. Elle a pleuré et gémi de vingt-trois heures environ jusqu'à presque deux heures. Tout à fait pathétique. »*

Mon père paraît quand même s'être soucié de l'état de ma mère : il a fait venir une infirmière pour l'aider.

« *Admise le 24 à Queens Hospital... Ils sont venus la chercher au petit matin... Les traitements commenceront le 27, et après...* »

Avait-on pris soin d'emmener ma mère alors que tout le monde dormait encore dans les bateaux voisins ? Pour éviter un scandale ?

« *... Arrangements pour la renvoyer à Tahiti sur le* Vega. *Tous mes plans sont à l'eau.* »

La mère de ses enfants est en train de se noyer, et ce sont ses projets qui tombent à l'eau !

Il semble en fait que le dénommé Dr Logan ait ensuite refusé de laisser ma mère voyager seule et qu'il l'ait renvoyée sur le *Varua*. Après, le journal ne fait plus mention de Philomène. Je le feuilletai jusqu'au bout, en vain. Il n'y avait plus que les notes habituelles sur les vents et la météo. Pas même un mot sur nous trois, comme si nous n'existions pas. Quelle traversée ! Quinze jours de mer, trois bébés, deux hommes dont un muet, et deux femmes dont une en pleine dépression nerveuse...

Et moi je l'avais aimé, ce vieux marin silencieux. Et je l'aimais encore. Mais comment faire cohabiter cet amour bien réel avec ma nostalgie d'une maman que je n'avais pas connue et qu'il semblait avoir traitée comme une esclave ?

Je me levai en soupirant. Devant le lagon, sous le toit de pandanus du *fare pote'e*, Roland s'était endormi dans son fauteuil. La brise descendait de la montagne, le *hupe* plein de parfums et de senteurs nocturnes.

Je m'assis entre ses genoux, attendant que la fraîcheur de la nuit le réveille.

# Le dernier voyage

Le lendemain, un sécateur à la main, je montai dans la vallée. Sous le dôme des palmes de cocotier, dans l'ombre des banians et des mape, ces châtaigniers tropicaux aux racines baroques, se pressaient les frangipaniers, les oiseaux de paradis, les bougainvillées, explosions de pétales aux nuances infinies, du rose à l'orangé et du carmin au vermillon. Les flamboyants flamboyaient, les tulipiers et les arbres à pain soutenaient des guirlandes de lianes. J'en coupai quelques-unes en me promettant de m'attaquer un jour à tous ces parasites. En dévalant la pente, le ruisseau éclaboussait d'argent les feuilles tombées d'où montait déjà l'odeur de la pourriture végétale qui rebondissait de bassin en bassin jusqu'au lagon.

J'ai dit qu'à ses talents de navigateur et d'aventurier Robbie ajoutait celui de jardinier. Cette jungle dont je peine aujourd'hui à contrôler les débordements, c'est la vallée qu'il a d'abord défrichée – « débroussée », comme on dit – puis terrassée, irriguée, fertilisée. Pieds nus sur les mousses qu'il était allé chercher jusqu'à Taravao, dans la presqu'île, je retrouvais une sensualité qui remontait à mon enfance, comme si des fées me caressaient la plante des pieds.

Bien que Wilson montât toutes les semaines pour dégager la tombe de mon père, les pluies récentes avaient laissé des traces. Je me penchai pour enlever une grande tige de *opui*, tombée en travers de la dalle de béton que Wilson repeint en blanc tous les ans, selon la coutume. Mon père a été inhumé à flanc de colline, face à l'ouest, à la mer et à Moorea, et il dort de son dernier sommeil à l'ombre des fougères, des pamplemoussiers et de ces lis qu'on appelle porcelaines. Il n'y a ni nom ni dates sur cette dalle. Pas d'inscription non plus. J'aimerais trouver un vers aussi beau que celui de Stevenson sur sa tombe à Vailima : *« Home is the sailor, home from the sea »*[1]. Je balayai d'un revers de main une constellation de pétales écarlates qui auraient fait la plus belle épitaphe. Rien ne pressait, au fond.

Je me rappelai son dernier jour, sa dernière heure, même. Il avait tourné le regard en direction de l'océan pour la dernière fois. Est-ce qu'il distingua les nuages du ciel réfléchis dans le miroir du lagon ? Les pics de Moorea à contre-jour sur l'horizon ? Est-ce qu'il entendit le tonnerre lointain des rouleaux sur le récif ? Et le parfum sucré-salé de la brise lui parvint-il une dernière fois dans le frisson métallique des grandes palmes des cocotiers ? En tout cas, il était de nouveau seul à la barre pour son dernier voyage.

C'était il y a dix ans, le 18 janvier 1988. J'étais au bout du jardin. Laura, l'infirmière, était sortie de la maison tout affolée en criant : *« Viens vite ! Dépêche-toi ! Il s'en va ! »* En arrivant dans la maison, Laura était à genoux à son chevet, cramponnée à sa main et priant à

1. Le marin est revenu, revenu de la mer. Extrait du poème « Requiem », *Underwoods*, Stevenson, 1887.

haute voix. « *Mon Dieu, ayez pitié de son âme. C'était un homme bon, même s'il ne le montrait pas.* » Ses yeux grands ouverts fixaient encore le large, au-delà du récif. J'avais ressenti une culpabilité diffuse, à la mesure du soulagement qui me submergeait : cela faisait plus de douze ans que je le voyais décliner – depuis sa première attaque –, dix ans que je m'occupais de lui nuit et jour. Des années à le nourrir à la cuillère, à le laver, à le porter même, comme un bébé.

Il avait voulu être immergé au large, mais je m'étais heurtée à une clause administrative que je ne me suis jamais expliquée : il fallait demander l'autorisation en France, ce qui aurait pris plus d'un mois, compte tenu de la léthargie habituelle de l'administration. Cette pente face à la mer constituait un compromis : elle serait son cimetière marin.

Son enterrement sonna comme une dernière provocation. Les Tahitiens ont l'habitude d'enterrer leurs morts face au soleil levant, pour qu'au lieu de contempler la mer ils aient devant eux, pour l'éternité, la montagne et la forêt. Il s'ensuivit donc une sourde querelle autour du cercueil, sur le sol spongieux où la pelleteuse avait, la pluie aidant, creusé des ornières. Les officiels en uniformes blancs pataugeaient dans la boue, leurs épouses marchaient comme sur des œufs, abîmant leurs belles chaussures, tandis que les Tahitiens, également en blanc – ici la couleur du deuil – riaient sous cape. Je revois l'inénarrable farce au bord de la fosse, les porteurs du cercueil pivotant de-ci, de-là, au gré des instructions contradictoires du pasteur et des paroissiens, qui, bien sûr, entendaient maintenir la tradition, et de la famille et des proches d'autre part, qui tenaient à ce que le prestigieux navigateur fût tourné vers la mer.

Le jardinier Everett, excédé, finit par s'emporter et, d'une voix sonore, pleine d'une autorité inattendue, s'écria : « Tapera'a mahana ! *À l'ouest ! Il faut que le* popa'a *regarde la mer ! C'est lui qui l'a voulu.* » Le bras tendu vers le Pacifique, il répéta : « *À l'ouest !* » Le pasteur capitula et, le calme revenu, mon père fut couché en terre en enfreignant une fois de plus les usages, comme il l'avait fait si souvent de son vivant.

Ce matin-là, devant la dalle de béton, à voix haute, je lui ai fait une promesse :

— Nous ne pouvons pas te laisser naviguer dans les limbes de la mythologie nautique, avec derrière toi ce sillage de questions sans réponses, cette écume de soupçons et de rumeurs aussi sombres que les abysses.

Du plat de la main, j'ai balayé quelques pétales fripés et des brindilles humides.

— Ma quête n'est pas achevée. Elle ne le sera pas tant que je ne vous aurai pas rendu, à Maman et à toi, ce qui vous est dû. J'ai encore des choses à découvrir. Comme tu me l'as appris pour naviguer, j'ai tracé un plan de la route à suivre pour trouver la vérité, en espérant que les vents me seront favorables…

# Corps brûlants sous le soleil

Il me restait deux personnes à rencontrer : Marato, le seul marin lors du dernier voyage de ma mère à Honolulu, et Augustine, l'une des sœurs de Philomène, ma tante. Le vieux Marato vivait à Bora Bora. Compte tenu de la quantité de touristes qui s'y rendent, l'île est extrêmement bien desservie, et je pouvais prévoir l'aller-retour dans la journée. Le plus difficile était de le faire prévenir pour qu'il vienne me chercher, car il habitait sur un *motu*, un de ces îlots qui parsèment le récif-barrière. Trois jours auparavant, je téléphonai mon heure d'arrivée à un de mes anciens danseurs originaire de l'île.

Lors de son premier passage sur le *Svaap* en août 1929, mon père avait regretté de s'être attardé aussi longtemps à Tahiti et de devoir repartir si vite de l'île : « *À Bora Bora,* écrit-il, *l'air est différent. Pour commencer, c'est la plus propre de toutes les îles de l'archipel : les indigènes, les villages, les rues, tout y est plus propre. Mais ce n'est pas tout. Il y a une atmosphère de prospérité, de fierté et, surtout, de gentillesse qui surpasse toutes les autres îles.* »

Lorsqu'il y revint, en novembre 1945, les Américains étaient en train de plier bagage après trois années d'une occupation pacifique, certes, mais qui avait totalement bouleversé le rythme, la simplicité et les valeurs de la vie polynésienne. Ils laissaient derrière eux, au fond de l'eau, des tonnes de matériel et de véhicules qu'ils avaient préféré saboter avant de partir, et plusieurs dizaines de jeunes femmes dont les enfants ne connaîtraient jamais leur papa... Ils laissaient aussi, bâti directement sur une chaîne de *motu,* ces îlots qui parsèment le récif, un aéroport qui serait le seul de l'Océanie française pendant presque vingt ans. Cadeau à double tranchant, car il consacrait l'entrée de nos îles dans le XXe siècle, pour le meilleur et pour le pire... Pour ma part, ce matin-là, j'étais bien heureuse d'en profiter. Une patache me conduisit de la piste jusqu'au port de Vaitape. Sur le quai, un jeune homme d'une vingtaine d'années m'accosta sans gêne, la traditionnelle couronne de fleurs à la main.

— Tumata, c'est toi ?

— C'est moi.

Il me passa la couronne au cou et m'embrassa sur les deux joues.

— Viens !

La peinture de sa longue pirogue de contreplaqué était un peu écaillée, mais le petit moteur hors-bord démarra du premier coup.

— Moi, je m'appelle Tane, dit-il en dénouant l'amarre. Marato, c'est mon père.

Il était l'image même, presque trop belle pour être vraie, du Polynésien des dépliants touristiques : grand, la peau cuivrée, les cheveux noirs de jais noués en queue-de-cheval, les épaules larges, les hanches minces, un magnifique tatouage marquisien autour de la taille qui disparaissait de façon suggestive sous son bermuda noir pour réapparaître sur ses genoux. Le *torse en lyre*… Je lui tournai le dos en m'installant face à la proue, gênée par cette perfection physique.

Le lagon était lisse, de ce lavis turquoise propre à Bora Bora, avec ses hauts-fonds de sable où détalaient des raies, parsemés de blocs de corail pourpres dans lesquels se réfugiaient à notre approche des essaims de minuscules poissons bleus et jaunes. Il y avait longtemps que je ne m'étais sentie à ce point libre. Pendant une demi-heure, la pirogue fila sans à-coups sur ce miroir sur lequel le soleil se reflétait à la verticale, jusqu'au moment où elle ralentit avant de s'engager dans un chenal invisible, à peine marqué de deux piquets obliques, qui menait à un petit *motu*.

— Attention ! dit Tane derrière moi.

Il accéléra pour échouer la pirogue sur le sable.

Je n'avais aucun souvenir de Marato. Son visage ne m'était familier que grâce aux quelques photos retrouvées dans les papiers de mon père. Assis sous un grand badamier, une navette de bois à la main, il ravaudait un filet. Son visage aux rides profondes trahissait son âge avancé, mais son corps me parut étonnamment jeune et alerte lorsqu'il se leva pour venir à ma rencontre : port très droit, carré d'épaules, hanches souples, pas une ombre de graisse. La santé semblait ici aller de soi, de père en fils. Tandis que Tane disparaissait dans la petite maison, Marato me souleva dans ses bras et me posa sur le sable en répétant :

— Eh eh eh, *Tumata iti e !* Ma petite Tumata !

Mais son regard délavé et sa démarche hésitante, indiquaient qu'il souffrait d'une cataracte avancée et qu'il devait être presque aveugle. Cependant, il avait l'esprit clair, la parole nette et ne manifestait aucune réticence à parler du passé. Pas de tabou pour Marato. Ses aventures avec Ropiti appartenaient à une époque qu'il considérait avec philosophie, avec un recul amusé que je n'avais pas trouvé chez les contemporains de mon père. Ce qui ne l'empêchait pas d'avoir pour ce dernier, cela sautait aux yeux, un profond respect. Ropiti était l'homme qui l'avait arraché à son île, emmené parcourir le Pacifique et fait découvrir le monde : Hawaï, la Californie, l'Amérique !

— Oui, je me rappelle bien ce voyage à Honolulu avec vous trois toutes petites. Nona était encore à téter sa mère, un bébé avec plein de cheveux sur la tête, comme si elle portait un chapeau Davy Crockett. Hina, elle avait déjà la tête dure, elle savait ce qu'elle voulait. Toi, tu étais la plus calme des trois, tu regardais seulement. Tu regardais tout. Oui, je me rappelle bien. Alors tu as lu les cahiers de ton père ? Et tu ne trouves pas ce que tu cherches ? C'est normal. Il écrivait tout, mais il y a aussi des choses qu'on fait et qu'il vaut mieux ne pas raconter ensuite.

— Quelles choses ?

— Ah, des choses pas vraiment jolies.

Le silence qui suivit n'était pas le signe d'une hésitation de sa part : il rassemblait ses souvenirs, mettait en ordre ses idées. Il avait repris son filet et travaillait au toucher, sans le regarder. Ses longues mains noueuses semblaient s'activer toutes seules, guidant la navette avec une dextérité de dentellière. Il leva vers moi ses yeux pâles.

— Tu comprends, quand il a amené Faustine à bord, j'ai pensé tout de suite : « *Aue, Ropiti e !* Tout ça va mal finir ! » C'était juste une question de temps. Je me demande même si ça n'avait pas commencé avant le départ.

— Dans son journal, mon père se demande depuis quand Ah You se doutait de leur… liaison.

— Il dit ça dans son cahier ?

— Pas vraiment, mais il écrit : *« Je me demande depuis combien de temps elle avait des doutes. »*

Marato secoua la tête, incrédule.

— Oui. Mais continue. Dis-moi, pour Faustine.

— Ah, c'était une belle fille ! C'était le feu. Mais elle n'avait pas grand-chose dans le crâne. Dès le départ, j'ai compris qu'elle n'était pas là seulement pour faire la nounou. Tu comprends, Philomène était toujours plus ou moins malade en bateau. En plus, à ce moment-là, elle venait juste d'avoir Nona, elle lui donnait le sein, et elle s'occupait de vous deux au moins autant que Faustine, peut-être plus… Tout ça pour dire qu'elle était déjà fatiguée en embarquant. Quand je venais prendre mon quart, je trouvais Ropiti seul à la barre, avec Faustine quasiment sur les genoux pendant que Philomène dormait en bas. Qu'est-ce que je pouvais dire ? Moi, je suis le matelot, je monte et je descends les voiles, je donne un coup de main pour la cuisine, je prends mes quarts quand on me le demande… Mon boulot, c'est pas de faire la morale au patron, d'accord ? Alors je n'ai rien dit, rien fait. J'ai fermé les yeux. Aujourd'hui, je me dis que peut-être j'aurais pu empêcher…

— Quoi ?

— Oh, rien d'extraordinaire. Juste ce qui devait se passer.

C'était une belle journée, soleil et ciel bleu au *Waikiki Yacht Club*, une matinée idéale pour emmener les bébés à la plage. Mais Philomène allait devoir se débrouiller seule parce que Faustine prétendait avoir une migraine épouvantable. La radio passait de la musique hawaïenne dans le grand carré. Marato bricolait sur le pont, et quand il vit Philomène sortir entourée des petites, avec les serviettes et la glacière, il leur donna un coup de main. Il nous prit dans ses bras, Hina et moi, pour nous poser sur le quai, puis déplia la poussette où il installa Nona endormie. Ensuite, il arrima la glacière sous la poussette, arrangea les serviettes dessus et attendit en nous tenant par la main. Philomène était redescendue chercher je ne sais quoi. Quand elle remonta, il lui dit : *« Philomène, tu n'as que deux mains ! »* et lui proposa de l'accompagner jusqu'à la plage. Elle lui sourit : elle voulait bien. Mais ils n'avaient pas fait cinquante pas que Philomène s'arrêta net. *« Fiu ! J'ai encore oublié mes… »* Marato ne sut jamais ce qu'elle avait oublié. Elle fila en lui criant : *« Attends-moi là, j'en ai pour une minute ! »*

Marato était sur le quai devant la poussette, une gamine dans chaque main, et Hina qui tirait pour aller voir les poissons entre les bateaux. De là où il était, il se rendit compte que quelqu'un avait monté le volume de la radio sur le *Varua*, comme on ne le faisait jamais par discrétion envers les voisins. Intrigué, il se retourna. Dix secondes après, il vit remonter Philomène sur le pont, pliée en deux, titubante, comme si elle venait de recevoir un coup de pied dans le ventre. Elle enjamba le bordé, trébucha, se reçut à genoux sur le quai, se releva, s'éloigna du bateau à reculons, l'air en transes, en secouant la tête. La radio tonitruait toujours.

Marato comprit instantanément. Depuis le temps qu'elle refusait de voir la vérité en face, maintenant elle était fixée. À peine avaient-ils eu le dos tourné que

Faustine et Robbie, enfin seuls, s'étaient jetés l'un sur l'autre pour rattraper le temps perdu. Faustine adorait mettre la radio à fond. Avec le bruit, ils n'avaient pas entendu arriver Philomène. Ni ressortir, apparemment.

— Elle est restée comme ça un moment, sur le quai, à secouer la tête, puis elle est revenue vers nous en traînant les pieds. Elle a regardé Nona qui dormait toujours dans la poussette et elle vous a prises toutes les deux par la main. Elle pleurait sans faire de bruit, elle était pâle, mais pâle ! Moi, je disais : « *Philomène, Philomène…* » Elle s'est accroupie, elle vous a serrées toutes les deux très fort dans ses bras, longtemps. Hina se plaignait : « *Arrête, Maman, tu fais mal !* », et toi, d'une main, tu lui barbouillais les joues avec ses larmes. Elle s'est relevée, je lui ai tendu un mouchoir. En me le rendant, elle m'a serré la main très fort.

Marato laissa choir son filet. Il se mordait la lèvre.

— Tout ça, c'était deux ou trois semaines avant Noël. À partir de là, elle a complètement changé. Mais ton père n'a rien fait pour l'aider. On aurait dit qu'il n'avait rien compris. Entre ses crises de larmes, elle cherchait à le retrouver, elle était toute gentille, toute douce, mais lui, il était froid, distant, pas plus que d'habitude en fait, et c'est ça qui la rendait folle. Elle s'est mise à faire des scènes, à se rouler par terre. Et lui, jamais il ne se fâchait. Il la regardait d'en haut, comme si c'était une gamine qui faisait un caprice. Il a fait venir un docteur qui lui a donné des calmants : c'est ça qu'il voulait, Ropiti, le calme. Il voulait avant tout qu'elle arrête de crier, de pleurer. Il voulait qu'elle lui foute la paix ! Et comme ça ne marchait pas, il a fini par la faire emmener à l'hôpital. Là, ils lui ont fait des électrochocs. Pendant un mois. Tu te rends compte ? Un mois avec des électrochocs tous les jours, ou tous les deux jours.. À ce régime-là, si tu n'es pas fou à l'entrée, tu es sûr de l'être en ressortant.

Il y eut un silence. Marato secouait la tête. Tane apparut avec deux cocos à boire qu'il posa dans le sable devant nous, et il s'éclipsa à nouveau. Le vertige familier m'avait repris, ce froid en moi. Je n'avais même pas soif.

— Pour finir, ils l'ont ramenée sur le bateau et on est repartis. On rentrait à Tahiti. Sacré voyage ! Le pire que j'aie jamais connu, je crois bien. Tout le monde faisait la gueule à tout le monde. Le silence, la tension… Et, de temps en temps, les cris de Philomène. Vous, les petites, vous sentiez bien qu'il se passait quelque chose : vous n'avez jamais été aussi pénibles ! Moi, j'essayais de vous amuser quand j'avais le temps parce que, bien sûr, il ne fallait pas compter sur Faustine.

Marato prit son coco et le porta à ses lèvres. En s'essuyant la bouche du revers de la main, il eut un petit rire.

— Tu sais quoi, Tumata ? Je me suis dit ce matin-là que j'aurais dû casser la gueule à Ropiti, pour ce qu'il avait fait à Philomène.

— Tu aurais dû, non ? répliquai-je en riant à travers mes larmes.

Il rit aussi.

— Tu me vois en train de casser la gueule à mon patron ? Non, j'ai continué à travailler pour lui.

— Mais pourquoi ?

— D'abord, c'était pas mes affaires. Ensuite, c'était un bon patron. Et puis, cette histoire, c'était comme un cyclone : tu baisses le dos et tu attends que ça passe. Tu sais bien : *Mai tera hoa to matou huru* – On est comme ça, nous autres !

Je n'aimais pas beaucoup ce fatalisme proverbial, cette résignation où j'entendais l'écho des sermons des missionnaires, la morgue des planteurs d'autrefois, le mépris de certains fonctionnaires d'aujourd'hui. Mais qui étais-je pour juger de la fidélité de Marato à Ropiti ? J'ai connu à mon père tant de prétendus amis qui l'ont fui dès que sa fortune a commencé à fondre. La Polynésienne en moi comprenait tellement bien ce que Marato voulait dire. *Mai tera !* C'est comme ça ! L'autre, l'Américaine, se révoltait, elle aurait prêté main forte à Morato pour casser la figure à Ropiti. Cela aurait peut-être aidé Philomène à se sentir moins seule de voir son *popa'a* prendre une raclée et dégringoler de son piédestal, sur ce bateau d'où elle ne pouvait s'échapper. Je frissonnai encore une fois en l'imaginant sous le casque à électrochocs, dans cet hôpital. Comment aurait-elle pu protester ? Elle ne parlait même pas anglais !

Les choses commençaient à se décanter dans mon esprit. Cette scène à bord du *Varua* amarré au *Waikiki Yacht Club* me paraissait bien être le nœud de l'histoire, ou du moins son point de non-retour. Découvert par Philomène en train de la tromper avec Faustine, Robbie aurait eu la possibilité d'exprimer un remords, à défaut de contrition. Il n'a pas su, pas pu, pas voulu le faire. Le gouffre culturel qui les séparait à ce moment-là n'avait jamais été aussi profond : d'un côté, une sensibilité blessée, à fleur de peau, qu'une seule caresse, un geste d'amour pouvaient encore calmer ; de l'autre, une impuissance à exprimer le moindre sentiment, et surtout le moindre regret. Il me semble bien que c'est cette distance infranchissable – *nous sommes des navires qui se croisent dans la nuit* – qui a précipité Ah You dans la folie. Robbie était la cause de sa souffrance et lui seul en détenait le remède, mais il était aussi le seul qui fût incapable de le lui prodiguer. La folie, d'une manière ou d'une autre, c'est toujours une impasse où l'on se trouve acculé.

Mon vol était à quinze heures. Marato m'offrit à déjeuner mais je risquais de rater l'avion, et puis je n'avais pas faim. Pourtant, le vide en moi avait fait place à une vraie gratitude pour le vieux pêcheur : il s'était livré sans réticence, sans détour. Et, surtout, il avait tendu la main à ma mère au moment où elle en avait le plus besoin.

Debout sous le badamier, il m'adressa longtemps des signes pendant que Tane se faufilait entre les blocs de coraux du long chenal. Avant de m'asseoir face à la proue de la pirogue, j'eus le temps de contempler encore une fois la beauté tranquille, indifférente, du jeune homme. J'en étais suffisamment troublée pour me demander si, l'occasion aidant, je ne me laisserais pas séduire un jour par tant de jeunesse et de virilité insouciantes. Soudain, j'eus un flash : l'impression brusquement de comprendre toute la faiblesse de mon père, toute sa fascination, la cinquantaine venue, pour ces corps juvéniles dorés par le soleil.

# Tic-tic-tic

Mon père m'a toujours dit que pas une goutte de sang polynésien ne circulait dans mes veines, et pourtant je me suis toujours sentie tahitienne. Je ne suis pas la seule dans ce cas. Dès que quelqu'un ouvre la bouche, on sait s'il est né à Tahiti ou pas. Quelle que soit la langue qu'il parle, on sait s'il est du *fenua* et, au fond, c'est la seule chose qui compte. Même les familles chinoises relativement « pures » – pendant longtemps on a fait venir les épouses de Chine – sont aujourd'hui « tahitianisées » et auraient sans doute le plus grand mal à s'adapter au pays de leurs ancêtres s'il leur fallait y retourner. Et je me demande si, dans mon groupe de danse, il y a un seul Tahitien, une seule Tahitienne qui soient de « race pure », une expression que je n'aime guère. Depuis un siècle et demi que les Polynésiens se sont métissés avec les Européens, les Américains et les Chinois, mais aussi les Mélanésiens de Nouméa, les Antillais de la Marine française et les Afro-Américains de Bora Bora, les types humains en Polynésie française sont d'une infinie variété et, je le dis sans chauvinisme, souvent d'une grande beauté.

On trouve chez nous toutes les variations possibles de couleurs sur la peau, du blanc à peine hâlé au chocolat brûlé, en passant par le miel, le cuivre et le bronze. Sur l'angle des paupières, l'ourlet des lèvres et la couleur des yeux. Ces nuances combinées entre elles donnent parfois des choses étonnantes : visages polynésiens aux yeux verts, visages orientaux au regard noisette, corps bruns aux chevelures blond vénitien. Dieu sait que j'ai vu défiler dans mon école de danse ces merveilles ciselées par le métissage, mais je ne suis toujours pas blasée : il m'arrive encore de tomber en arrêt, dans la rue, devant la grâce d'une silhouette polynésienne à la cambrure africaine, ou l'éclat d'un regard violet sous des paupières plissées.

Augustine, la sœur de ma mère, était de pur sang asiatique. Et pourtant, tout dans son allure, sa gaieté, sa gentillesse en faisait une mama tahitienne typique. Nous avions eu une assez longue conversation au téléphone, la veille. Au bout d'une rue qu'on avait oublié de goudronner, dans une petite maison modeste mais d'une propreté méticuleuse, elle m'accueillit avec chaleur en robe *pareu*, et me fit asseoir sur la véranda devant une théière de porcelaine bleue et deux bols assortis. À quelques bijoux de prix, on devinait qu'Augustine avait connu des jours meilleurs, mais elle n'en faisait pas une affaire. Je savais qu'elle était veuve d'un commerçant qui avait réussi avant de subir des revers… Sa porte, grande ouverte, était masquée par un rideau de bambou qui bruissait au moindre courant d'air, et où ondulait un bouddha obèse et hilare.

— Je suis tellement contente de te voir, Tumata. Mais tu aurais pu venir avant, non ?

— Je sais, Augustine. Mais la vie, tu sais bien…

— Eh oui, la vie nous réunit et la vie nous sépare. Mais c'est bien que tu cherches enfin tes racines, même si tu t'y prends un peu tard.

Ce « un peu » sonnait-il comme un « trop » ? Allait-elle passer l'après-midi à me reprocher mon indifférence à l'égard de mes origines maternelles ? Elle aurait eu raison d'ailleurs, mais qui était responsable de cette distance, sinon mon père qui ne nous avait jamais parlé de notre « autre » famille ?

— Tu n'as pas du tout la tête de ta mère, et pourtant tu lui ressembles. Tu as quelque chose de Philomène, mais je ne sais pas quoi. Ta façon de marcher, peut-être. Et ta façon de m'observer depuis que tu es arrivée. Philomène fixait les gens comme ça, bien en face, et pas seulement les gens. Quand elle était petite, elle passait des heures à regarder pousser les fleurs, comme disait Mama Vitau. Tu veux un peu de thé ?

— Oui, s'il te plaît. J'espérais aussi faire la connaissance de Ah San. Tehapai m'a beaucoup parlé de vous deux.

— Ah, tu arrives trop tard, ma petite. Ah San, mon fils chéri, nous a quittés il y a bientôt cinq ans. Je suis sûr qu'il aurait aimé te rencontrer. Mais il vous connaissait bien, toi et tes sœurs : à une époque, il travaillait au *Taharaa* et il vous a vues danser souvent !

— Je suis désolée, je ne savais pas.

— C'est pas grave, dit-elle en souriant. Tu veux du sucre ? Pas de sucre dans ton thé ? Alors tu es une vraie Chinoise, Tumata ! Par quoi veux-tu que je commence ?

— Par le tout début. Aussi loin que tu te rappelles.

— Ah ! Je me souviens de la première fois où on m'a traitée de *Tinito* à l'école. Je n'ai rien compris. Pourquoi une de mes copines tahitiennes me traitait de Chinetoque ? Je savais bien que j'étais chinoise, et elle aussi. Tu vois, notre nationalité d'origine est une insulte...

— Philomène a souffert de ce genre de ce mépris, elle aussi ?

— Je ne crois pas. D'abord elle n'avait pas vraiment une tête de Chinoise ni les yeux tirés. Elle aurait pu être *demie*. Elle passait partout. Ensuite elle a été élevée bébé par les Vitau, alors elle n'était pas non plus chinoise dans sa tête : elle parlait bien le tahitien, mais pas un mot de *hakka,* l'un des vingt-quatre dialectes de son Sud-Est natal. D'ailleurs, comme toutes les filles de notre époque, elle mélangeait le français et le tahitien la plupart du temps. Tu comprends, si tu parlais bien ton français, tu avais quand même plus de chances de trouver un *tane popaa*, un militaire ou un fonctionnaire.

— C'était déjà la chasse au mari, à l'époque ?

— Ça a toujours été la chasse au mari, à toutes les époques. Qu'est-ce que tu crois ?

Nous éclatâmes de rire en chœur.

— Tu sais, les premiers Chinois sont arrivés ici pour travailler sur la plantation d'Atimaono en 1865. C'est facile à se rappeler : on n'a eu droit à la nationalité française qu'en 1965, grâce à de Gaulle. Un siècle pour se faire accepter, pas mal, non ? Mais les premières Chinoises étaient arrivées dès le début du XIXe siècle. On les envoyait de Chine avec un contrat pour épouser ici un type qu'elles n'avaient jamais vu. Ce sont les familles qui arrangeaient ça : mariages à l'aveuglette. Sacrée loterie, tu te rends compte ?

— Dans un de ses livres, mon père raconte que ma grand-mère n'était pas chinoise mais siamoise, danseuse à la cour du roi de Siam ! Tu connais cette histoire ?

— Oui, elle est en partie vraie. Mais ce n'est pas ta grand-mère, c'est ton arrière-grand-mère. Parce que ton arrière-grand-père Wan Fun Sen était allé travailler au

Siam, et il avait ramené une danseuse. Je ne sais pas si elle dansait pour le roi, il a peut-être dit ça pour épater la famille. On avait déjà prévu une épouse pour lui, alors tu comprends, cette danseuse, c'était un peu le scandale. Bref, ils ont eu un fils, et ce fils c'était Wan Kim, notre papa à Ah You et moi, ton grand-père.

— Alors c'est le grand-père Wan Kim qui est venu s'installer ici ?

— Non, c'est Wan Fun Sen qui est venu ici le premier. Il a d'abord travaillé à Atimaono un an ou deux, puis il est rentré en Chine, et pour finir il est revenu s'installer à Tahiti avec sa famille et d'autres de son village. C'était en 1914.

— Tu sais pourquoi des familles entières partaient comme ça ?

— Une famine épouvantable sévissait en Chine. Les gens mouraient par milliers. Wan Fun Sen était venu repérer le terrain, et il avait bien compris que ça ne serait pas facile. Les ouvriers agricoles n'étaient guère mieux traités que des esclaves. Ils n'avaient même pas de nom : on les appelait par un numéro matricule. Papa, c'était le Chinois numéro 3298, maman, le 3296, c'est marqué sur leurs papiers. Au début, ils travaillaient jusqu'à douze heures par jour. Mais il a sans doute préféré travailler dur et vivre pauvre ici plutôt que de voir ses enfants mourir de faim en Chine. Et puis, il y avait l'espoir de s'en sortir, de se mettre à son compte, de faire pousser des légumes, de monter un petit commerce. Attends, j'ai des choses à te montrer.

Augustine souleva le rideau de bambou et revint bientôt avec une enveloppe entourée d'un ruban noir qu'elle posa sur mes genoux. Elle contenait des papiers d'identité et quelques photos.

— Lu Ché Nui.

Je voyais une jeune Chinoise, l'air un peu inquiet, le jour de son arrivée apparemment : la photo était datée du 12 juin 1914. Une autre, sans doute prise quelques années plus tard, était agrafée au même document : le visage semblait prématurément usé, on y lisait le travail, la fatigue, les naissances successives.

— Lu Ché Nui, c'était ta grand-mère, Tumata.

— Et voilà grand-père, alors ?

« *Wan Kim, arrivé le 12 juin 1914.* » C'était inscrit. Une belle tête carrée de paysan énergique, moins vieilli que son épouse sur le deuxième cliché. Chez lui, il me sembla trouver un écho du visage de Philomène. J'avais cependant du mal à m'identifier à ce couple de paysans chinois. Il me faudrait du temps pour assimiler ces images. Et pourtant c'étaient bien eux que je n'avais jamais appelés grand-père ni grand-mère parce que William Albert Robinson ne l'avait pas jugé utile.

— Et voilà toute la famille, dit Augustine en me tendant un cliché un peu plus grand.

Un couple âgé, assis sur des chaises de cuisine, posait entouré d'une douzaine d'hommes et de femmes debout devant une vieille maison de bois sur pilotis, comme on en voit encore quelques-unes dans Papeete.

— Papa et Maman au milieu, on les reconnaît encore bien. Et autour, voici ta tante Lisette, ta tante Hélène, ton oncle Tchon Fa… et me voilà.

— Et Philomène ?

Je me mordis la langue. Philomène avait grandi chez les Vitau, bien sûr.

— Elle n'a jamais vécu avec nous, tu sais bien. Notre mère a eu douze gosses en tout. Philomène était son neuvième enfant, sa cinquième fille, et quand Mama

Vitau, une voisine qu'elle croisait souvent au marché, l'a vue encore enceinte, elle lui a demandé de lui donner le bébé à la naissance. Maman a dit oui tout de suite. Ça faisait une bouche de moins à nourrir, et comme en plus c'était une fille, Papa Wan Kim ne s'y est pas opposé. Les filles ne comptaient pas, chez nous. Tu comprends, ma mère avait commencé par avoir trois filles. La honte ! Et la ruine pour la famille, parce qu'à chaque fille il faudrait payer une dot pour la marier. La légende familiale raconte qu'elle avait essayé d'étouffer sa troisième fille, mais que le bébé a survécu. Alors elle l'a gardé. Ce bébé, c'était moi.

Augustine me regardait avec un amusement un peu narquois.

— Tu te moques de moi ?

— Mais pas du tout. Je suis une survivante. Tout le monde dans la famille connaît cette histoire. C'est pourquoi je pense qu'elle est vraie.

Encore une chose que je mettrais du temps à intégrer à ma propre histoire : voilà que j'avais eu une grand-mère aux tendances infanticides ! N'est-ce pas le Dr Raynald qui m'avait dit que la civilisation était quelque chose de très relatif ? Avec un frisson de tout le corps, je renvoyai cet horrible épisode aux temps obscurs auquel il appartenait et revins à mon histoire.

— Alors, si j'ai bien compris, tu n'as pas connu Philomène avant que mon père ne la ramène chez vous ?

— Je connaissais son existence.

Plus tard, Tante Augustine, qui est morte à Tahiti pendant l'été 2007, « placée » dans une famille polynésienne, ne me reconnaîtra plus. Je me pencherai sur elle pour l'embrasser et lui souffler : *« Je suis la fille de Philomène. »* Et elle se mettra à pleurer en se frappant la poitrine, sans se rappeler notre entrevue. Par contre, elle me dira : « *Je n'ai jamais oublié ta mère, elle est dans mon cœur.* » Nous sangloterons toutes les deux. Elle se souviendra seulement que ma mère montait à cheval et qu'elle leur apportait du poisson frais pêché dans le lagon, à l'époque ou la famille *faa'mu* de Philomène et sa famille chinoise vivaient dans la même commune : Faaone.

— Quand ton père l'a ramenée, elle avait seize ou dix-sept ans et elle travaillait déjà chez lui, ajouta Augustine.

— Oui, Tehapai m'a dit ça. C'était à cause de Sally, sa deuxième femme... Il l'a mise chez vous au lieu de la mettre chez les Vitau...

— Et sans rien expliquer. Un beau matin, ce grand *popa'a* aux cheveux blancs est arrivé chez nous avec elle, je ne sais même pas comment il nous a trouvés. Sans doute par ma sœur Hélène, qui avait le seul magasin de chaussures en ville. Tout le monde la connaissait et elle connaissait tout le monde. Il s'est annoncé. J'avais entendu parler de lui, mais il n'a pas eu besoin de me présenter Philomène : j'ai eu l'impression de me voir dans un miroir avec dix ans de moins. Il m'a dit que Philomène travaillait chez lui mais qu'elle ne savait pas coudre ni faire la cuisine chinoise : il voulait que je lui apprenne. Moi, je n'ai pas posé de questions. À l'époque, on n'en posait pas. Un *popa'a* te disait de faire ci ou ça, il n'y avait pas de discussions. En plus, il nous a promis qu'il payerait tous les mois pour le temps qu'elle resterait chez nous. Il l'a plantée là avec son baluchon et il est parti.

Je ne pouvais m'empêcher de fourbir de mauvaises arrière-pensées : il était évident que, dans sa famille chinoise, Philomène serait aspirée aussitôt par les travaux de fourmi et la vie austère de ces petits commerçants – le mari d'Augustine avait alors un magasin dans le quartier de Taunoa –, et qu'elle n'aurait guère d'occasions de s'amuser. Alors que chez les Vitau, au district, c'est-à-dire à la campagne, elle aurait retrouvé la liberté de mœurs qui caractérise les familles tahitiennes, où on laisse volontiers les adolescents faire leurs premières expériences sans exercer sur eux de contrôle particulier. Il n'est donc pas exclu que Robbie ait mis Philomène « en réserve », en attendant que son histoire avec Sally se termine. Je suppose d'ailleurs qu'elle s'est arrêtée quand Sally s'est mise à boire. Une fois celle-ci embarquée dans le bateau, n'avait-il pas presque aussitôt envoyé Tehapai chercher Philomène chez Augustine ?

— Et qu'est-ce que ça t'a fait, de te retrouver brusquement avec cette petite sœur que tu ne connaissais pas ?

— C'était bien. Elle était très gentille, elle apprenait vite, mais je crois qu'elle n'était pas vraiment heureuse avec nous, avec nos manières chinoises. La nourriture, le travail, la façon de penser, tout était différent, pour elle. De chinois, elle n'avait que le sang. Ce n'était pas du tout la même vie, tu comprends. Surtout après les mois qu'elle venait de passer chez ton père à Ofaipapa, avec Tehapai. Ces deux-là, elles avaient la belle vie chez l'Américain ! Et Tehapai lui manquait, je me souviens bien de ça. Alors elle allait s'asseoir au bout du ponton. Elle regardait la mer. Comme si elle attendait un bateau. Déjà ! Et puis un jour, au bout de six mois ou un an, ton père a envoyé Tehapai la chercher chez nous. Elle a dit que le *popa'a* voulait qu'elle retourne travailler à Ofaipapa. Philomène a fait son baluchon à toute vitesse et elles sont reparties. Et là, je ne l'ai plus revue jusqu'à ce qu'il nous la ramène, environ cinq ans plus tard. Pour de bon.

Malgré sa gaieté naturelle, je sentis qu'Augustine avait du mal à évoquer ce retour. Elle s'était levée, s'affairait avec des gestes mécaniques, vida le reste du thé dans les fleurs sous la véranda, retourna à la cuisine, tarda à revenir. Et je me disais que toute la vie de Ah You Philomène Wan Kim avait tenu dans les cinq années qui avaient précédé ce jour-là. Ensuite, privée d'amour, elle se réfugierait dans la démence pour échapper à la douleur et se laisserait mourir.

— C'est bien simple, dit Augustine en s'asseyant à nouveau, quand il nous l'a de nouveau ramenée, je ne l'ai pas reconnue. Elle avait les yeux vides, tout son corps était avachi, elle n'avait plus de volonté, plus d'énergie. Même sa beauté s'était fanée : ses cheveux étaient ternes, mal peignés. Avant, elle était mince. Là, elle était maigre à faire pitié.

Elle avait perdu le désir de vivre, pensai-je. Ou cela viendrait-il plus tard, quand elle se rendrait compte qu'en plus de la perte de son *tane* elle ne reverrait jamais plus ses enfants ?

— Alors là, M. Robinson m'a dit qu'il allait partir en voyage avec ses trois enfants et qu'il ne pouvait pas emmener la maman parce qu'elle était tombée malade. Moi, je ne savais même pas qu'ils avaient eu des enfants ensemble, tu imagines ma tête ! Je croyais encore qu'elle était bonne chez lui, c'est tout. J'étais tellement surprise que je suis restée sans rien dire. Il a posé les affaires de Philomène sur la table, avec ses médicaments et quelques billets dans une enveloppe, et puis il est reparti. Les premiers jours, les nuits surtout, elle pleurait sans arrêt. J'avais beau lui demander pourquoi, elle ne répondait pas. Je lui donnais ses pilules, en faisant bien attention à ne pas me tromper, mais ça n'allait pas mieux. Comme elle n'arrêtait pas de répéter : *« Mes bébés, mes bébés... »,* mon fils Ah San a suggéré d'aller chercher un des enfants. Peut-être que ça la calmerait de s'occuper du dernier ? Moi, j'y avais bien pensé, mais il a fallu que Ah San le dise pour que ça me paraisse évident. Alors j'ai pris le *truck* et je suis allée à Ofaipapa. Tout le long du chemin, je remuais tout ça dans ma tête, et quand je suis arrivée, j'étais vraiment en colère. Quand j'ai vu Nona, j'ai dit à ton père : *« Tu ne peux pas séparer une maman de son bébé, c'est pas des choses à faire ! »* Il m'a regardée avec un air étonné, mais je lui ai dit que s'il voulait que je m'occupe de Philomène, il fallait me donner le bébé. C'était ça ou rien.

Elle riait encore de son audace : parler comme ça à un *popa'a*, un Américain en plus, il avait vraiment fallu qu'elle rassemble tout son culot. Mais de toute évidence, elle en avait à revendre, Augustine la survivante !

— Nona est restée avec nous deux ou trois mois, et Philomène s'est tout de suite sentie mieux. Elle s'est calmée, elle a arrêté de pleurer. Elle s'occupait très bien de son bébé. Ton père est revenu deux fois reprendre Nona. Il disait que c'était pour un jour ou deux, et chaque fois il la ramenait. Philomène faisait les cent pas dans le jardin pendant des heures en attendant le retour de la voiture. Mais ça se passait bien. Seulement, la troisième fois qu'il a repris Nona, il n'est pas revenu. Philomène n'a plus quitté la barrière du jardin. La nuit, elle restait là-dehors à guetter la voiture qui n'arrivait pas, elle ne rentrait pas même pour dormir. D'ailleurs elle ne dormait pas. Et, une nuit, elle s'est enfuie. Elle est allée à pied jusqu'à Ofaipapa. C'est Tehapai qui m'a envoyé un mot par le *truck* le lendemain pour me dire que tout allait bien, qu'elle s'occupait d'elle là-bas. Et puis, une dizaine de jours plus tard, quelqu'un m'a dit qu'elle était à Vaiami.

— Tu y es allée ?

— Oui, avec Ah San, en bicyclette. Il y avait Huguette aussi, ma dernière. Pas moyen de parler aux docteurs, mais une infirmière a fini par nous dire qu'une jeune Chinoise avait été admise cinq jours plus tôt. C'est un certain M. Crighton qui l'avait amenée, mais elle était en cellule et on ne pouvait pas la voir. Alors on est ressortis, on a fait le tour de l'hôpital, on connaissait l'endroit où ils enfermaient les fous. On a appelé sous les petites fenêtres à barreaux. Elle était dans celle du bout. Elle a reconnu nos voix, elle pleurait : *« Augustine ? Ah San ? »* Mon fils a appuyé son vélo contre le mur, et j'ai grimpé sur la selle, j'arrivais juste à voir un peu la cellule. Elle était là, en dessous, sur la pointe des pieds, les mains tendues vers les barreaux. Elle criait : *« Sors-moi de là, Augustine, je t'en supplie, sors-moi de là ! »*

— J'y suis allée aussi.

— À Vaiami ?

— Oui, je voulais voir ces cellules. Ça m'a...

Augustine se pencha vers moi et me prit la main. Elle avait toujours ce sourire qui me faisait chaud au cœur. Sans doute le même sourire que ma mère puisque, à l'en croire, elles se ressemblaient tant.

— Je vais te dire une chose, Tumata. De tous mes frères et sœurs, c'est elle que j'ai le moins connue, et pourtant c'est elle qui me manque le plus. C'est peut-être pour ça que je me suis occupée d'elle presque comme si c'était ma fille.

— Je comprends. Moi, je ne l'ai pas du tout connue, et il y a des jours où elle me manque, si tu savais…

— *Aue, Tumata e !* Oui, je sais ! Bon, alors on a demandé à Huguette de garder les vélos, et avec Ah San on est retournés dans l'hôpital. Il n'était pas question qu'on la laisse chez les fous. J'ai fini par tomber sur *taote* Andréa, que je connaissais parce qu'elle travaillait au dispensaire. Je lui ai expliqué, elle est allée voir les secrétaires, et elle m'a dit que Philomène était soignée pour dépression nerveuse. En vérifiant les papiers, elle a quand même trouvé bizarre que ma sœur soit enfermée en cellule depuis cinq jours pour une simple dépression : elle aurait dû être sortie depuis longtemps. Alors j'ai dit qu'on était prêts à la prendre chez nous, que je lui signerais une décharge, mais qu'on s'occuperait d'elle. Elle n'a pas hésité longtemps, on est allés au secrétariat, j'ai signé le papier, elle a pris la clé et on a traversé l'hôpital jusqu'aux cellules. Mon Dieu ! Quand elle a ouvert la porte, j'ai failli tomber raide à cause de la puanteur.

« On n'a rien pu faire pour arrêter Philomène : elle nous a filé entre les mains et s'est mise à courir vers la sortie, pieds nus, en *pareu*, toute sale, les cheveux en broussaille. Le temps de récupérer Huguette et nos vélos, on l'avait perdue de vue et j'ai prié le bon Dieu pour qu'elle aille chez nous. Quand on est arrivés à la maison, ouf, elle était là, assise, recroquevillée dans un coin de ma chambre, un vrai chien battu, et elle sanglotait, elle sanglotait… J'ai envoyé Ah San chercher des tisanes chinoises pour la calmer un peu et je l'ai emmenée sous la douche, je l'ai lavée, savonnée deux ou trois fois. Mon Dieu qu'elle était sale ! J'ai lavé ses beaux cheveux qu'elle avait encore jusqu'à la taille, et puis je l'ai habillée toute propre avec des affaires à moi. Deux jours plus tard, *taote* Andréa est passée à la maison. Elle a apporté des remèdes mais elle a bien dit qu'il fallait qu'on fasse attention, parce que Philomène allait sans doute encore essayer de s'enfuir, de retourner à Ofaipapa. Une ou deux fois, elle a piqué des crises. Elle se débattait, se roulait par terre, alors je l'enfermais dans ma chambre. Et puis, petit à petit, elle est devenue plus calme. Le Dr Andréa passait de temps en temps. On la laissait sortir dans le jardin, et puis dans la rue. Elle allait mieux. Elle allait jusqu'au ponton, elle regardait la mer. Je crois qu'elle attendait votre bateau.

Augustine s'arrêta, secoua la tête.

— Pauvre Ah You ! La nuit, elle se levait et se servait un verre d'Ovomaltine. Je l'entendais de mon lit : elle prenait le verre sur l'étagère, ouvrait la boîte avec une petite cuillère, versait le lait et se mettait à remuer. Mais tu sais, dans le lait froid, l'Ovomaltine, ça met du temps à... fondre ?

— Oui, à se dissoudre.

— C'est ça. Il faut remuer, remuer... Et moi j'entendais la petite cuillère tourner dans le verre, tic-tic-tic, pendant des heures... Plus tard, après sa mort, on a vendu la maison et je ne l'ai pas regretté, parce qu'il m'arrivait encore de me réveiller la nuit et d'entendre tourner la petite cuillère, tic-tic-tic, tic-tic-tic... Ça me faisait froid dans le dos.

Augustine leva les yeux vers moi.

— Je te jure !

Et elle éclata de rire.

— Philomène allait bien mieux. Je la laissais se promener le long du quai. Les gens commençaient à la connaître. Elle regardait les yachts, des fois elle montait même à bord, et là, elle demandait : *« Ils ne sont pas là, mes bébés ? »* La première fois, les gens ont été surpris, mais elle était gentille et ils s'habituaient. *« Non, Philomène, ils ne sont pas avec nous. »* Elle allait voir plus loin. C'était la fofolle du quai, tout le monde l'aimait bien. Mais je n'étais pas trop rassurée. Souvent, Ah San la suivait à distance sur son vélo pour s'assurer qu'il ne lui arrive rien. Un jour, il est revenu à la maison tout essoufflé, il l'avait entendue raconter son histoire à deux marins qui descendaient d'un gros cargo, et elle semblait vouloir monter à bord et partir avec eux à votre recherche. J'ai enfourché mon vélo, mais j'ai trouvé notre Philomène en chemin. Elle rentrait à la maison, toute souriante. Je me suis renseignée : le cargo repartait deux jours plus tard. Et ça n'a pas manqué, le surlendemain elle a fait une grande toilette, elle s'est lavé les cheveux, elle a mis son plus beau *pareu* avec un haut blanc, à col chinois. En sortant, elle a cueilli son *tiare Tahiti*, elle l'a mis sur son oreille, et elle est sortie. Mon Dieu qu'elle était belle ! Mais moi, j'avais peur, je ne savais pas quoi faire : j'étais sûre qu'elle allait embarquer sur le bateau et je ne pouvais rien faire pour l'en empêcher. Alors j'ai appelé le Dr Andréa au dispensaire. Elle est venue aussitôt avec deux infirmiers. Ils ont récupéré Philomène au moment où elle montait à bord avec ses deux marins, et ça s'est assez mal passé. Quand elle a vu les blouses blanches, elle a tout de suite fait une crise, elle s'est débattue… Bref, ils l'ont ramenée à Vaiami. Je suis allée la voir tout de suite, mais on l'avait assommée de calmants, elle dormait à moitié. Les jours suivants, j'y suis retournée mais elle ne me reconnaissait pas. À partir de ce moment-là, elle est restée à l'hôpital. Je passais de temps en temps. Quelquefois elle avait son air endormi, d'autres fois elle se mettait à parler sans bien savoir à qui, mais c'était un peu sans queue ni tête, ou alors elle chantonnait toute seule. Il paraît qu'elle s'est échappée encore, mais ils l'ont rattrapée tout de suite, toujours sur le quai.

Le soleil se couchait, là-bas, derrière Moorea. J'avais encore des choses à demander à Augustine. Le certificat de décès était dans mon sac. Je ne savais pas comment formuler ma question. Mais elle me devança :

— À l'époque, on avait un chien, un petit bâtard blanc, c'est Ah San qui l'avait adopté. Il s'appelait Blanc-Blanc et il était copain avec Philomène. Quand elle allait s'asseoir sur le ponton pour regarder la mer, il l'accompagnait, il s'asseyait près d'elle. Un jour, Philo était retournée à Vaiami depuis plusieurs mois, il s'est mis à hurler tout seul. Pas moyen de l'arrêter. On lui a lancé des savates, mais il a filé au bout du jardin et il a continué. Et puis *taote* Andréa est arrivée dans sa voiture. Philomène était morte, il fallait qu'on aille récupérer son corps à la morgue.

— Est-ce qu'elle a dit comment ma mère était morte ?

— Je n'ai même pas pensé à le lui demander. J'étais assommée. Une semaine avant, elle était passée nous voir à la maison avec Mathilde, une infirmière qu'on connaissait. Elle avait toujours l'air un peu dans les nuages, mais elle allait quand même assez bien. Elle était coiffée avec des macarons de chaque côté de la tête, jolie comme tout, et elle était venue chercher son *pareu* blanc et jaune avec le haut qu'elle aimait tant, blanc avec un col chinois. Elle était calme, elle souriait. Je me souviens que c'était au début des fêtes de juillet. On avait dû la sortir la veille pour voir le feu d'artifice, et elle a répété plusieurs fois : « *C'était tellement joli toutes ces couleurs dans le ciel !* » L'infirmière a même dit qu'elle pourrait peut-être rentrer à la maison un de ces jours. Alors quand le docteur nous a annoncé sa mort, je suis restée comme une idiote.

— Tiens. Je suis allée chercher son certificat de décès à la mairie. Regarde : « *Cachexie démentielle.* » J'ai regardé dans le dictionnaire. Ça veut dire qu'elle se serait laissée mourir de faim.

— Ce n'est pas possible. C'est vrai qu'elle était maigre, mais on ne meurt pas de faim en huit jours !

— Attends. Le certificat dit aussi qu'elle est morte rue de l'Évêche

— Quoi ?

— Et sa mort a été déclarée par un certain Tching Tsin Fo, chauffeur de taxi.

— Ça oui, c'est possible. Quand l'hôpital avait sous la main quelqu'un avec une voiture, il l'envoyait avec les papiers faire la déclaration à la mairie, ça allait plus vite. Mais la rue de l'Évêché, c'est là où se trouvait la chapelle où on a fait porter le corps avant l'enterrement.

— Bizarre… C'est comme si on avait voulu cacher qu'elle était morte à Vaiami.

— Ou peut-être le chauffeur de taxi a-t-il précisé que le corps était rue de l'Évêché. Regarde : sa déposition est datée du lendemain, le jour de l'enterrement.

Je déroulai en pensée le récit de l'enterrement que m'avait fait Tehapai. La charrette tirée par un cheval, les rideaux qui se fermaient sur leur passage, le cercueil de planches, et le petit corniaud blanc qui exaspérait tout le monde en pleurant. Comme si, alors que Philomène n'arrivait plus à communiquer avec les hommes, Blanc-Blanc avait été son dernier ami, ici-bas.

La nuit était déjà tombée mais, après avoir quitté Augustine, je décidai quand même d'aller faire un tour du côté de la petite maison où ma mère avait passé ses derniers moments de liberté avec sa grande sœur et ses neveux, Ah San et Huguette. Augustine, qui n'y était jamais retournée, pensait qu'on avait dû la démolir depuis le temps. Mais elle était toujours là, à Taunoa, au fond d'un minuscule terrain vague comme on en trouve encore en plein centre de Papeete. Je poussai la barrière bancale, qui était entrouverte, et me frayai un chemin parmi les hautes herbes. Sous mes pas craquaient des canettes et des barquettes de plastique vides : la maison était abandonnée depuis longtemps. Des lianes soulevaient les tôles rouillées du toit, les fenêtres crevées bâillaient. Je m'approchai et posai prudemment le pied sur la véranda. Les planches, celles qui restaient, étaient glissantes de mousses et de moisissures. Une puissante odeur de végétation pourrissante montait de cette ruine. Je n'insistai pas. En me retournant pour partir, je restai un instant face à ce paysage devant lequel ma mère avait cherché un peu d'espoir, un peu de calme, alors qu'elle souffrait le plus terrible des abandons : celui du seul homme qu'elle ait jamais aimé ; de la plus cruelle des séparations : celle d'avec ses enfants. On n'apercevait plus l'océan. Une école avait été construite sur le front de mer et masquait la vue. Plus de trente ans… Le passé était bien mort et enterré.

Un bruissement dans la végétation du terrain mitoyen me fit sursauter. Un visage barbu apparut à travers une haie d'hibiscus mangée de lianes. Je m'approchai sans trop d'appréhension : j'avais reconnu François, le *hombo*, un va-nu-pieds que l'on voyait souvent à la sortie d'un des supermarchés de la ville, et à qui il m'était arrivé de trouver des petits boulots de jardinage.

— Eh, François ! Tu cherches quelque chose ?

Il secoua la tête puis, levant le menton vers la ruine derrière moi :

— Tu vas acheter la maison pour toi ?

— Ah, si j'avais des sous, peut-être. Pourquoi ? C'est là que tu dors, avec tes copains ? C'est votre château ?

— Ah non ! On n'est pas fous, nous. Il y a un *tupapa'u*, là-dedans.

Je souris en repensant au *tic-tic-tic* de la petite cuillère dans le verre d'Ovomaltine. Il avait sans doute raison.

# Le pays au-delà des vagues

La boucle était presque bouclée. Mais, si je savais désormais l'essentiel, la paradoxale impression de ne pas avoir appris grand-chose ne me quittait pas. J'avais depuis tant d'années retourné toutes les hypothèses possibles, imaginables, inavouables, même, sur la disparition prématurée de ma mère que mes découvertes ne pouvaient que me décevoir : l'histoire restait dans les limites de la faiblesse humaine ordinaire – adultère honteux dégénérant en abus de pouvoir colonial, une situation banale à l'époque. J'ai une amie dont le père, officier de l'armée française en Indochine dans les années 50, a fait élever ses trois filles dans des pensions catholiques en France après les avoir séparées de leur mère vietnamienne qu'il ne souhaitait guère emmener dans ce pays où il était marié... Jalousie et désespoir de notre mère dégénérant en démence, en psychose, gouffre culturel, pression sociale, impossibilité de communiquer... Les étiquettes ne manquaient pas pour classer les chapitres de cette triste affaire.

Je voulus cependant revoir le Dr Andréa Debalmann qui, me semblait-il, avait laissé en suspens l'ultime pourquoi. Je l'avais aussi trouvée assez floue quant aux circonstances du décès. J'étais en retard et elle m'attendait déjà dans le jardin d'Ofaipapa lorsque j'arrivai. Noémie, notre femme de ménage, l'avait fait asseoir à l'ombre sous le *fare pote'e*, face au lagon, et je me confondis en excuses.

— Je t'en prie, Tumata. J'avais oublié à quel point cet endroit est beau. Il est vrai que je n'y suis pas venue souvent. La dernière fois, tu devais avoir à peine dix ans. Mais quelle paix ! On pourrait rester là des heures à regarder la mer…

— Ça m'arrive souvent, dis-je en riant. En tout cas, merci d'être venue.

— Mais de rien ! Il fallait que je descende à Taravao, j'en ai profité pour m'arrêter en chemin, et c'est un vrai plaisir.

Noémie arriva avec des tasses et du café sur un plateau, les posa devant nous et s'éclipsa. Je décidai d'entrer tout de suite dans le vif du sujet.

— Voilà. J'ai passé un long moment avec Augustine, qui m'a raconté ce qu'elle pouvait des derniers jours de ma mère. Elle a vu Philomène environ une semaine avant sa mort : elle semblait aller plutôt mieux. Et puis j'ai réussi à obtenir le certificat de décès.

Je posai le papier sur la table devant elle. Elle se pencha et lut à voix haute :

— *« Cachexie démentielle. »*

— Elle serait morte de faim en si peu de temps ? demandai-je.

— Nous allons reprendre depuis le début, si tu le veux bien. Lorsque ce M. Crighton a amené Philomène à Vaiami, je n'étais pas là. À défaut de certificat de concubinage avec ton père ou de prise en charge par la famille, elle a été enregistrée comme indigente, une procédure courante. La quasi-totalité des Tahitiens venus des districts ou des îles, à défaut de fiche de paye ou de papiers en règle, étaient enregistrés ainsi. La République est bonne mère à l'occasion, et elle payait pour leurs soins. Bref, quand Philomène est arrivée, elle était très agitée, semble-t-il. Les infirmiers ont eu toutes les peines du monde à lui injecter un calmant. Et on l'a mise en cellule, ce qui était aussi habituel à l'époque. C'était le seul endroit dont on disposait pour isoler les gens qui risquaient de semer le désordre dans les services ou d'être dangereux pour les autres patients, voire de se blesser eux-mêmes.

— Une prison ?

— Je sais. Des bâtiments du XIXe siècle, un hôpital-caserne, en fait. Que veux-tu, la société a toujours cherché à se protéger de ceux qu'elle considérait comme fous. Il y a même une époque où on les brûlait : on les croyait possédés par le diable. Il y a cinquante ans, on se préoccupait d'abord de mettre les gens dits normaux à l'abri de ceux qu'on appelait les aliénés. Mais, surtout, on ne savait pas grand-chose sur les états dépressifs et les maladies mentales. Il n'existait pas de véritable thérapie.

— Mon père raconte pourtant dans son journal que dès ses premières crises, à Honolulu, on lui a prescrit de la Thorazine. Elle aurait subi un long traitement aux électrochocs.

— Ça ne m'étonne pas. Aujourd'hui, ces traitements nous paraissent moyenâgeux. C'étaient moins des thérapies que des moyens de neutraliser l'agressivité des patients.

— D'avoir la paix, en somme.

— Si tu veux. La Thorazine a eu un énorme succès vers la fin des années 40. En 1955, aux États-Unis, elle était administrée à presque tous les patients en hôpital psychiatrique. Elle a même reçu le surnom de « lobotomie chimique ». Quand on sait qu'une lobotomie consiste à pratiquer l'ablation des lobes frontaux du cerveau, c'est-à-dire à transformer le patient en légume, on constate que le but était atteint. Les gens normaux pouvaient dormir sur leurs deux oreilles.

— Quand elle a eu repris Philomène chez elle, Augustine m'a dit que vous passiez de temps en temps.

— Oui. J'aimais beaucoup Augustine, j'avais eu l'occasion de soigner ses enfants. Je venais prendre des nouvelles, j'apportais des médicaments. Elle était si courageuse, si gaie. Une battante, comme on dit aujourd'hui. Elle s'en tirait bien avec Philomène. Elle avait pourtant d'autres soucis. Les affaires de son mari ne marchaient plus très bien. Et tu sais qu'elle a eu huit enfants. Ils avaient grandi, mais elle avait encore la petite Huguette avec elle, et le jeune Ah San, que j'aimais bien aussi. Il devait avoir dix-neuf ans. Reste qu'à la fin, elle n'arrivait plus à faire face : Philomène n'était pas agressive, mais elle devenait de plus en plus incontrôlable.

— Vous voulez parler de ses escapades sur le port ?

— Oui. Elle a vraiment failli embarquer sur un cargo, tu sais. Je frémis à la pensée de ce qui aurait pu lui arriver si elle avait réussi. Heureusement, Augustine m'a fait prévenir à temps. Mais quand Philomène m'a vue arriver avec deux infirmiers, elle a compris tout de suite : elle s'est mise à courir vers la passerelle du cargo où un marin avait l'air de l'attendre. Nous avons eu un mal fou à la maîtriser, il a même fallu nous faire aider par des pêcheurs qui se trouvaient là. Tu n'imagines pas la violence, la force physique de ces malades en pleine crise, c'est terrifiant. En plus, nous venions du dispensaire, nous n'avions pas de camisole de force. Un des infirmiers a fini par la ligoter avec sa blouse pendant que les autres la tenaient. Ah San est arrivé sur son vélo, je me souviens qu'il était vert de peur. Et puis Augustine, en larmes, regardait Philomène se débattre l'écume aux lèvres, vomissant, hurlant des obscénités…

La scène était facile à imaginer, incongrue dans l'ambiance habituellement bon enfant du port. Les pêcheurs au bord du quai, les rangées de thons et de bonites sur les longues perches de bambou, les touristes en train de déambuler sur le front de mer, les jolies vahinés en robes à volants au bras des marins devant le *Quinn's*, la joyeuse cacophonie des romances à deux sous, *Dis-moi pourquoi je t'aime*, les juke-box des bistrots… Tahiti et sa joie de vivre ! Et soudain des cris, un attroupement, des hurlements. Une échauffourée ? Une bagarre de marins ? Les badauds qui se précipitent, le cercle des voyeurs, le corps convulsé d'une jeune femme, les murmures, le silence…

La vieille dame s'était tue. Mais je voulais en savoir plus.

— Finalement, comment est-elle morte ?

— Elle s'est échappée encore une fois, une nuit d'orage. Quelqu'un a téléphoné pour dire qu'il l'avait vue courir sur le quai, nue comme un ver. Les infirmiers étaient *fiu*. Ils ne voulaient pas aller la chercher sous la pluie battante, c'est le médecin de garde qui m'a raconté ça. Il a été obligé de se fâcher. Mais ils l'ont trouvée tout de suite. Elle était au bout du quai. Elle n'a pas fait de difficultés, elle est rentrée bien sagement avec eux. Quelques jours plus tard, je l'ai croisée dans un couloir à Vaiami, et j'ai failli ne pas la reconnaître. Ses cheveux, sa démarche, son air éteint, ce n'était plus elle… « *Philomène ? Philomène ?* » Mais elle ne m'entendait pas. Elle est passée sans me voir, comme si elle portait toute la misère du monde sur ses épaules maigres, les yeux ronds comme des soucoupes, mais vides, au-delà du désespoir…

— Pourtant, Augustine m'a dit que, huit jours avant sa mort, elle allait mieux.

— C'est sans doute vrai. Je ne sais plus combien de temps il a pu se passer entre cette dernière fois où je l'ai vue et son décès. Mais il est tout à fait possible que son état se soit amélioré entre-temps.

— Alors, de quoi est-elle *vraiment* morte ?

— Une des femmes de ménage l'a trouvée inanimée dans la chambre qu'elle partageait avec d'autres malades. Elle avait beaucoup maigri, mais elle n'est pas morte de cachexie. Elle était même relativement en bonne santé. Il y a eu une enquête rapide, sans grand mystère d'ailleurs. Il semble que les infirmiers de service, surmenés comme d'habitude, lui aient fait deux fois sa piqûre le même soir, par erreur. En somme, elle est morte de surdose. Son cœur n'a pas tenu.

— Pourquoi ne m'avez-vous pas raconté tout ça la dernière fois ?

— Étais-tu prête à l'entendre ? Ne valait-il pas mieux que tu fasses ton chemin toute seule, que tu comprennes d'abord tout ce qui avait mené à cette erreur stupide ?

— Mais pourquoi personne n'a réagi ? Pourquoi personne n'a posé de questions ? Si, une semaine avant sa mort, elle paraissait aller mieux…

— Qui aurait posé des questions ? Qui aurait pu faire quoi que ce soit ? Un procès ? Augustine n'aurait jamais osé mettre en cause l'administration coloniale. Comme beaucoup de Chinois, elle avait sans doute déposé son dossier de naturalisation et cela devait traîner depuis des années. Ce n'était pas le moment de faire des vagues. Quant à ton père, il était en Thaïlande, et même s'il avait été ici, aurait-il porté plainte ?

Ainsi, jusqu'à sa mort, ma mère s'était trouvée abandonnée de Dieu et des hommes. Abandonnée à la naissance, abandonnée par l'homme qu'elle aimait, abandonnée par sa famille d'adoption, abandonnée par sa famille de sang, abandonnée par ses enfants à qui elle ne manquait guère puisqu'ils ne l'avaient pas connue... Sa courte histoire pouvait se résumer ainsi : morte d'abandon à vingt-six ans.

— Je peux vous demander encore une chose, docteur ?

— Est-ce que je peux t'en empêcher ? répondit la vieille dame.

— Voulez-vous venir voir la tombe de mon père ?

Elle leva les sourcils, puis attrapa sa canne et se leva. Je lui pris le bras et nous fîmes le tour de la maison emmitouflée dans son manteau de plantes et de fleurs. Après avoir traversé la route, accompagnées par mes trois chiens trop heureux de se dégourdir les pattes, nous attaquâmes l'ascension de la colline à petits pas, sans nous presser, en nous arrêtant devant les bouquets de cannas et les buissons d'orchidées.

— Quel beau travail ! dit-elle.

— C'est mon père lui-même qui a fait le plan de ce jardin, sélectionné les plantes, bricolé un système d'irrigation. Il aurait même créé des hybrides avec un naturaliste de ses amis. Mais il y avait dix fois plus de variétés de son vivant...

Nous nous arrêtâmes enfin à flanc de colline, devant la dalle de béton peinte en blanc, toujours aussi nue.

— Qu'est-ce que tu attends de moi, Tumata ? Que je fasse une prière ? Tu veux nous réconcilier ? La mort nous réconciliera tous, tu sais.

— Non, mais vous pouvez peut-être encore m'aider.

— T'aider ? Comment ça ?

— Je ne sais pas trop. Vous avez déjà beaucoup fait pour moi et je voudrais vous remercier. D'une certaine façon, je suis soulagée qu'il n'y ait plus de mystère, juste une mort idiote et scandaleuse, comme toutes les morts.

La dalle était à nouveau couverte de feuilles, de brindilles et de pétales mais, cette fois, je n'y touchai pas. Je repris :

— Je me demandais quoi inscrire sur sa tombe. Je pensais à l'épitaphe de Stevenson à Vailima : *« Home is the sailor, home from the sea »*. J'aurais voulu trouver quelque chose d'aussi simple.

— Il y a Baudelaire : *« Homme libre, toujours tu chériras la mer ! »* Mais il faudrait citer le poème en entier : *« La mer est ton miroir... Et ton esprit n'est pas un gouffre moins amer... Homme, nul n'a sondé le fond de tes abîmes... »*

— Il va pourtant falloir que je fasse ma paix avec lui. Vous connaissez le chapitre des Lotophages, dans *L'Odyssée* ?

— Tu as de drôles de lectures, ma petite !

— *« Ils s'assirent sur le sable jaune, entre le soleil et la lune sur la grève ; et il leur était doux de rêver du pays de leurs pères, de leurs enfants, de leurs épouses, de leurs esclaves ; mais lassante leur semblait la mer, et lassantes les rames, et lassantes les étendues désertes parsemées d'écume. L'un d'entre eux dit alors : "Nous ne rentrerons jamais" ; et soudain ils se mirent tous à chanter : "Notre pays est au-delà des vagues, bien trop loin ; nous ne naviguerons plus."* »

— C'est un peu long, dit la vieille dame avec un regard espiègle.

— Bien sûr. Mais je le voyais bien en mangeur de lotus, sur son île au-delà des vagues, dont il ne pourra plus repartir… Et puis je me suis rendu compte que les fameux Lotophages d'Ulysse étaient en fait des toxicomanes avant l'heure, de simples drogués.

— Mais lui aussi, Tumata !

J'éclatai de rire. J'avais, bien sûr, pensé la même chose. « Accro », il l'avait été ! À la mer, aux belles voilures d'autrefois, aux îles ceintes de corail et couronnées de nuages, aux petites vahinés, et particulièrement aux petites Orientales, ses fleurs de lotus à lui.

Il y eut un silence. M'entendant rire, les chiens étaient accourus, mais ils repartirent aussitôt fouiner dans les fourrés.

— J'aimerais un jour arriver à lui pardonner, murmurai-je.

— Je pense qu'il s'est conduit envers ta mère comme envers toutes ses femmes : c'était un épouvantable égoïste. Mais, après Honolulu, je ne pense pas qu'il pouvait faire quoi que ce soit d'autre, très franchement.

— Il aurait pu l'envoyer aux États-Unis, je ne sais pas…

— Où elle aurait été absolument coupée de tout ce qui était sa vie ? Tu imagines ce que c'est, de vivre dans un pays dont on ne connaît pas la langue, quand en plus on est seul et qu'on a toutes les raisons d'être angoissé du matin au soir ? Qu'auraient fait de plus les Américains ? Électrochocs et Thorazine, comme à Honolulu !

Et puis ta mère était chinoise, sans passeport... Et ton père commençait à avoir des problèmes d'argent.

— Son argument, c'est qu'il voulait nous protéger d'elle.

— Que veux-tu, étant donné les circonstances, son argument tient debout. Je ne doute pas que son comportement ait été à l'origine de la maladie de Philomène : on peut même dire que c'est lui qui l'a rendue folle. Mais cela n'empêche pas qu'ensuite il fallait bien qu'il vous élève. Il a dû trouver intolérables ses crises de nerfs devant vous sur le bateau. Pour lui, l'affaire était entendue : il devait l'éloigner de ses enfants.

Alors, il nous a emmenées en Thaïlande. Et ensuite, il a renforcé les murs autour de nous, les murs du silence, pour nous mettre à l'abri des rumeurs. D'une certaine façon, il a réussi : les leçons particulières, les cours par correspondance, les nounous et les chaperons nous ont longtemps épargnées des histoires qui circulaient en ville sur lui, et sur les derniers mois de Philomène à Vaiami, les escapades sur le port de cette folle qui, de yacht en yacht, de goélette en cargo, cherchait on ne savait quoi. Ce n'est que plus tard, au cours de mon adolescence, que j'ai commencé à entendre des rumeurs, à me poser des questions, à glaner des réponses vagues dont j'avais bien dû me contenter pendant des années.

Étrangement, dans le même temps, en faisant de nous des danseuses qu'il exhibait grâce à Paulina, il nous auréolait de mystère : tout en devenant les coqueluches de la ville, nous étions aussi irréelles que des fantômes, nous hantions l'imagination des braves gens, laquelle se nourrissait de fantasmes sur nos existences de recluses derrière le mur d'Ofaipapa. La mort de ma mère n'était qu'une énigme de plus, un épisode inséré dans la

« chronique des demoiselles Robinson », le feuilleton imaginaire d'Ofaipapa.

Finalement, la mort de notre mère fut peut-être une bénédiction pour nous. Si, enfants, nous avions dû affronter la profondeur de son chagrin et de son désespoir, l'énigme de sa démence – quelle qu'en eût été l'origine –, aurions-nous pu comprendre sa souffrance ? Ne l'aurions-nous pas rejetée, comme l'avait fait mon père ? Et ne serait-elle pas allée plus loin encore au fond de son abîme ?

# Épilogue

Quand, à la Toussaint, mon père nous emmenait au cimetière de Faa'a, nous y allions en fin de journée après avoir tressé deux guirlandes de frangipanier : une grande pour la tombe, une plus petite pour la croix. Comme les autres enfants, nous nous poursuivions en d'interminables parties de *pere fe*, courant l'une après l'autre autour des dalles blanches repeintes de frais.

Depuis le rêve que j'avais fait la veille de Noël à Los Angeles, l'idée de ramener ma mère à Ofaipapa me poursuivait. Je m'en voulais de ne jamais m'y être résolue. Il y avait comme une injustice à la laisser seule dans l'anonymat de ce cimetière près de la ville, quand il me semblait évident que sa place était ici, j'allais dire parmi nous. Près de moi en tout cas. J'aurais aimé l'inhumer sous le frangipanier, au bout du jardin, où les fleurs auraient pu pleuvoir sur elle comme dans son rêve, comme dans mon rêve. Mais il fallait que j'aille à la mairie de Faa'a, que j'endure d'interminables démarches, sans parler des problèmes de transport. Surtout, je n'aimais pas beaucoup l'idée d'aller déranger ses os. Peut-être valait-il mieux laisser les morts enterrer les morts, comme avait dit le Dr Andréa.

Ce soir-là, sous le *fare pote'e*, je tentai de dresser le bilan de mon voyage dans le passé. Assise face au lagon, je voyais les lueurs des torches des pêcheurs sous la barre phosphorescente des rouleaux du récif. Ici, les *popa'a* se réveillent souvent la nuit en croyant entendre un train passer au loin, mais ce n'est que le roulement du ressac. Quand la houle est forte, c'est comme un lointain grondement de tonnerre. Ils disent aussi que, rentrés chez eux, il leur arrive de se réveiller la nuit à cause du silence : le récif leur manque.

Je songeais à l'héritage que m'avait laissé ma mère. C'est bien grâce à elle que j'appartiens à ce pays heureux, protégé des fureurs de l'océan par la barrière de corail, à ce lagon frangé d'écume, à cette éternelle rumeur du récif, à ce ciel nocturne éblouissant d'étoiles, à cet air tiède où flottent des parfums.

Et puis j'aimais à penser qu'elle m'avait légué son courage, cette force, cette incroyable capacité de résistance qui lui avaient permis de suivre mon père dans les quarantièmes rugissants alors qu'elle était enceinte, et d'aller accoucher par deux fois à des milliers de kilomètres de chez elle, sans jamais se plaindre, après des traversées qui étaient pour elle des victoires quotidiennes sur l'inconfort, le froid et le mal de mer. À travers les tempêtes de la vie, j'avais toujours senti en moi cette énergie, ce désir de tenir le coup, cet optimisme, au fond.

Sa défaite n'en avait été que plus cruelle, mais cela n'avait rien à voir : le courageux petit matelot avait été trahi par le capitaine en qui il avait placé une confiance absolue. C'est l'impensable qui l'avait brisée. La fidélité bafouée, ce mur contre lequel son esprit avait volé en éclats. Son corps, lui, avait tenu le coup jusqu'au bout, continué à se battre, à se débattre, jusqu'à l'injection fatale.

Je lui devais peut-être aussi ma raison de vivre : la danse, qui est aujourd'hui ma passion autant que mon gagne-pain, aussi modeste soit-il. Combien de gens sur terre ont cette chance ? Car qui sait si je n'ai pas hérité de quelques chromosomes de mon arrière-grand-mère, danseuse à la cour du roi de Siam, comme le veut la légende familiale des Wan Kim ? Philomène n'était-elle pas, à sa manière, une artiste naturelle dont la voix et la guitare charmaient jusqu'aux esprits de la nuit ? À moins que ce ne soient les passants, envoûtés, qui applaudissaient depuis la route ? Et n'avais-je pas à mon tour transmis ce don à Kahi, qui joue du piano comme on respire, sans effort apparent ?

Je revoyais les torches sur les immenses pelouses de la résidence du gouverneur. J'entendais Hina et Nona m'appeler : *« Tumata, c'est à nous ! »* Les voix et la musique montaient de la terre, et la brise du soir descendait de la montagne avec la fraîcheur et la rosée. Mes sœurs et moi, au milieu d'un essaim d'autres jeunes filles en jupes de fibres, guirlandes de fleurs sur nos jeunes poitrines, couronnes posées sur nos longs cheveux luisants de monoï. Et les garçons de la troupe, torse cuivré, cuisses de bronze, jouant dans le vacillement des torches, sourires éblouissants. Toute cette jeunesse avançant au milieu de la foule des invités, ondulant au rythme des tambours de bois dans le frou-frou des costumes bigarrés, le bruit mat de nos pieds nus sur l'herbe rase… Quelles belles fêtes !

Dans un coin, toujours, mon père dans son costume blanc, distingué, courtois mais distant, sa réputation de séducteur ajoutant quelque chose de sulfureux à son image de bienfaiteur des îles : aristocrate vieillissant exerçant une fascination trouble sur toutes les dames de la bonne société, épouses de fonctionnaires bedonnants. Et les cancans, les rumeurs sur son passage, les jalousies sourdes. « *Vous savez ce qu'on raconte ? Il paraîtrait que pendant son voyage en Thaïlande… Oui, trois nounous d'à peine vingt ans… Et aujourd'hui, cette façon qu'il a d'exhiber ses filles… On m'a dit que… Oui, tout le monde se demande si…* »

Quelles images de Ah You pouvaient bien traverser son esprit lorsqu'il nous regardait danser ? Y avait-il la place, dans ce qui lui servait de cœur, pour un minimum de contrition ? Le soin qu'il avait mis à nous donner la meilleure éducation possible avait-il été sa façon à lui de s'amender ? S'il s'était brouillé avec le Dr Andréa Debalmann, était-ce parce qu'il se cherchait un coupable, ou s'agissait-il de l'expression maladroite et tardive d'une repentance ?

Je voulais croire que les années que ma mère avait passées avec mon père avaient été les plus intenses de sa courte vie. Elle avait été heureuse à Ofaipapa, heureuse avec Ropiti. D'abord, c'est elle qui avait été sa première vahiné attitrée – à son premier passage, vers 1920, il avait dû bien s'amuser ! –, elle qui lui avait fait découvrir l'insouciance, le naturel et la sensualité des gens d'ici, peau contre peau. Grande devait être sa fierté en lui révélant les mille secrets de la vie tahitienne, cette merveilleuse adaptation des insulaires à leur havre de corail. Et puis ils avaient exploré l'île ensemble dans une voiture, luxe inconnu pour une gamine venue du fin fond des districts. Le vertige de la vitesse, leurs fous rires… Ils s'étaient baignés dans les cascades, avaient sillonné l'océan, exploré le monde, donné la vie à trois enfants dans une maison de rêve au milieu des fleurs. Je voyais Philomène faisant des bouquets, tressant des guirlandes et des couronnes, se levant la nuit pour rejoindre les pêcheurs sur le récif, lançant le filet au petit matin, caressant les cordes de sa guitare en chantant à son Américain des mots d'amour qu'il ne comprenait pas. Je l'imaginais à Panamá, faisant la moue devant son premier Coca-Cola, éclatant de rire en lançant sa première boule de neige dans les Andes, prenant son tour de quart sur le *Varua* en *pareu* sous une pluie battante, riant de bonheur. Je ne voulais penser qu'aux plus beaux instants de sa vie. J'imaginais mon père serein, assis dans son fauteuil de rotin, son thé à la main, les yeux fixés sur l'horizon où le soleil venait de disparaître derrière Moorea : à certains moments, il semblait avoir trouvé une sorte de paix, toute sa raideur, toute sa sévérité de vieux puritain envolées.

Il écrivit un jour : « *La mer est étrange et étrangère à l'homme. Elle est cruelle. Elle est belle. La mer lui offre l'action : l'écume blanche poussée par la proue, le sillage qui fuit à la poupe. Mais la mer ne souffre nos petites embarcations qu'en nous faisant payer le prix de notre audace, douloureusement. Il est des moments dans une longue traversée où l'on se jure qu'on ne recommencera jamais. Tous les grands buts qu'on se fixe ne sont que des fantômes. Le bonheur consiste à les poursuivre. Lorsqu'on les a atteints, qu'en reste-t-il ? On a pu dire que l'homme qui a réalisé tous ses rêves est l'homme le plus malheureux de la terre. Je serais sans doute très près de me retrouver en sa compagnie si, chaque fois que j'ai atteint un but, il ne s'en était immédiatement trouvé un autre pour prendre sa place. Que ceux qui ont des rêves se le disent : il est plus important d'en avoir que de les réaliser.*

*Le bonheur, en fin de compte, n'est pas dans l'accomplissement, mais dans la recherche.* »

Pour moi, la blessure n'était pas refermée pour autant. Cela prendrait du temps, beaucoup de temps encore. Moi aussi j'avais lutté douloureusement sur ma petite embarcation, peiné jusqu'à la nausée à repêcher des fantômes dans les abîmes du passé. Et j'avais atteint mon but. La vérité que je poursuivais, je pense que je l'avais trouvée, ou du moins une certaine vérité : celle des faits. Mais cette recherche m'avait apporté plus de tristesse et de chagrin que de satisfaction. Et pas plus que lui je n'avais trouvé de bonheur au bout du chemin. Une certaine paix de l'âme, sans doute, le sentiment d'avoir rendu justice à ma mère en la tirant de l'oubli honteux où mon père l'avait confinée. Mais il faudrait qu'un jour je lui pardonne, que j'apprenne à vivre avec les terribles contradictions dont il avait pétri sa vie.

Un léger bruit de rames me fit lever les yeux. Une pirogue double approchait, bizarrement illuminée d'une demi-douzaine de torches, accompagnée bientôt d'un chant profond que ponctuait le rythme des rames. Des hommes au torse nu, couronnés de fougères, en descendirent quand ils eurent atteint le haut-fond. Ils chargèrent sur leurs épaules une caisse de bois et se dirigèrent vers l'autre bout du jardin. Un vieux *tahu'a* chenu menait la procession et s'arrêta sous le frangipanier. Des femmes et des enfants s'étaient joints à eux, et je crus reconnaître Piho, Tehapai avec son gros pied, Augustine, le vieil Everett, Maco, mon fils *fa'a'amu* dans son costume de musicien, *taote* Andréa, Kahi, Tehani, Loana, Bertrand même, dans un impeccable complet blanc, et d'autres silhouettes familières. Je me retrouvais soudain au bord d'une fosse fraîchement creusée, et je ne comprenais rien à ce que psalmodiait le vieil homme aux genoux tatoués. Les autres avaient le visage baissé, leurs yeux disparaissaient sous les couronnes de fougères. La caisse de bois brut avait été descendue au fond de la fosse, et les fleurs du frangipanier pleuvaient sur ce cercueil de pauvre.

Le silence revint. Je levai les yeux. Tous avaient disparu. Le récif grondait au loin, sa lente respiration emplissait l'horizon.

Roland posa une main sur mon épaule.

— Tu ne devrais pas dormir dehors, tu vas prendre froid.

Je ramassai mes papiers, mon stylo, et le suivis docilement jusqu'à notre chambre. Au passage, j'entendis la respiration régulière de Kahi. Oui, il valait mieux que j'aille me coucher. Demain, il y avait école.

## Remerciements

*Maururu* à Piho, Everett, Tehapai, Dr Debalmann, Bertrand Jaunez, ma cousine Huguette, mes tantes Augustine et Lisette, May Wong et Sébastien Joly, Daniel Siu, Daniel Pardon, Patrick Duncombe et tous ceux qui m'ont aidée dans ma quête de la vérité.

*Maururu roa* à Geneviève Perrin et Vincent Landel.

*Achevé d'imprimer sur les presses de*

BUSSIÈRE

GROUPE CPI

*à Saint-Amand-Montrond (Cher)*
*en juillet 2008*

*Composé par Nord Compo Multimédia*
*7, rue de Fives, 59650 Villeneuve-d'Ascq*

N° d'édition : B 04405/01. — N° d'impression : 082014/1.
Dépôt légal : juillet 2008.

*Imprimé en France*